Orte der Stille

Miriam Kauko/Odilo Lechner

Orte der Stille

Berühmte Klöster und ihre Gärten

Ellert & Richter Verlag

Miriam Kauko

geb. 1973, wuchs in Sichtweite eines oberbayerischen Benediktinerinnenklosters auf. Sie studierte Germanistik, Literaturwissenschaft und Skandinavistik in München und Bergen, Norwegen. Danach war sie als Rezensentin und Autorin tätig, hat in einem Forschungsprojekt zur Wissenschaftsgeschichte mitgearbeitet sowie mehrere Bücher herausgegeben. Sie lebt in München.

Altabt Odilo Lechner

geb. 1931 in München. Studium der Philosophie und Theologie an den Universitäten München, Innsbruck und Würzburg, 1952 Eintritt in die Benediktinerabtei St. Bonifaz in München. 1956 Priesterweihe, Tätigkeit als Kaplan und Katechet in der Stadtpfarrei St. Bonifaz. 1963 Promotion zum Dr. phil., 1964 Weihe zum 7. Abt der Abtei St. Bonifaz sowie dem zugehörigen Kloster Andechs, dem er bis 2003 vorsteht. Zahlreiche Publikationen, zuletzt „Damit der Glaube weitergeht" (2005) und „Die Fülle des Lebens" (2006).

Bibliographische Information der Deutschen Bibliothek

Die Deutsche Bibliothek verzeichnet diese Publikation in der Deutschen Nationalbibliographie; detaillierte bibliographische Daten sind im Internet über <http://dnb.ddb.de> abrufbar.

ISBN 978-3-8319-0262-0

© Ellert & Richter Verlag GmbH, Hamburg 2007

Text und Bildunterschriften: Miriam Kauko, München
Text „Zeichen der Hoffnung": Dr. Odilo Lechner, München
Lektorat: Inga Klingner, Hamburg, Stefan Mayr, Hamburg
Bildredaktion: Stefan Mayr, Hamburg
Gestaltung: Büro Brückner + Partner, Bremen
Lithographie: Griebel-Repro, Hamburg
Druck: Girzig + Gottschalk GmbH, Bremen
Bindung: S. R. Büge, Celle

Literatur

Finke, Angelika: Heilung aus dem Klostergarten. Das Kräuterwissen der Nonnen und Mönche. München 2000.

Fischer, Claudia und Reinhold: Geheimnisse der Klostergärten. Praktische Erfolgsrezepte für naturnahes Gärtnern. München 1991.

Hales, Mick: Klostergärten. München 2000.

Hecht, Konrad: Der St. Galler Klosterplan. Sigmaringen 2005.

Hildegard v. Bingen: Naturkunde: Das Buch von dem inneren Wesen der verschiedenen Naturen in der Schöpfung. Salzburg 1980.

Kauko, Miriam: Urlaub im Kloster. München 2005.

Kirchhoff, Hermann: Urbilder des Glaubens: Labyrinth – Höhle – Haus – Garten. München 1988.

Kopp, Rita: Der kleine Klostergarten. Altes Kräuterwissen für heute. Stuttgart 2005.

Lack, H. Walter: Ein Garten Eden – Meisterwerke der botanischen Illustration. Köln 2001.

Lechner, Abt Odilo: Wunder der Schöpfung: Faszination alter Klostergärten. Leipzig 2002.

Mayer-Tasch, Peter-Cornelius und Bernd Mayerhofer (Hg.): Hinter Mauern ein Paradies – Der mittelalterliche Garten. Frankfurt und Leipzig 1998.

Müller, Irmgard: Die pflanzlichen Heilmittel bei Hildegard von Bingen. Salzburg 1982.

Nonn, Nikolaus: Tage im Kloster. Mainz 2002.

Oschwald, Hanspeter: Kloster auf Zeit: Antworten auf die 50 häufigsten Fragen. Freiburg 2005.

Puderbach, Karin: „Der Schöpfungspfad auf dem Klosterberg der Waldbreitbacher Franziskanerinnen", in: Wo Schafsnasen, Seidenhemdchen und Orchideen wachsen – Der Naturraum Streuobstwiese im Kreis Neuwied. Koblenz 2004.

Roth, Hermann Josef und Werner Richner: Schöne alte Klostergärten: Geheimnis, Symbolik und Heilwissen für heute neu entdeckt. Würzburg 1995.

Schwaiger, Georg (Hg.): Mönchtum – Orden – Klöster. Von den Anfängen bis zur Gegenwart. München 2003.

Schwester Pulchra: „Schwester Sonne, Bruder Mond, Mutter Erde", in: Frauenansichten 2006: Ein Lesekalender. Hrsg. vom Bundesministerium für Umwelt, Naturschutz und Reaktorsicherheit, Berlin 2006.

Seewald, Peter (Hg.) u. Regula Freuler: Die Gärten der Mönche. München 2004.

Siwik, Hans und Wolfgang Urban: Orte der Stille: Klöster in Baden-Württemberg. Stuttgart 1998.

Stoffler, Hans-Dieter: Der Hortulus des Walahfrid Strabo. Aus dem Kräutergarten des Klosters Reichenau. Stuttgart 2002.

Ders.: Kräuter aus dem Klostergarten. Das gesammelte Wissen mittelalterlicher Mönche. Stuttgart 2002.

Walahfrid Strabo, De cultura hortorum (Hortulus) – Über den Gartenbau, übers. u. hrsg. Von Otto Schönberger, Reclam 2002 [nach der Handschrift von 840].

Weinrich, Christa OSB: Geheimnisse aus dem Klostergarten: säen und pflanzen, pflegen und ernten, zusammengestellt von Joachim Mayer, Stuttgart 1998.

Bildnachweis

Abtei Münsterschwarzach: S. 54
Archiv Ellert & Richter: S. 6 re.
Toma Babovic, Bremen: S. 18, 19 o., 48, 66, 67 o.
Benediktinerinnenabtei Fulda: S. 40, 41 re.
Benediktinerstift Göttweig: S. 72, 73
Dietmar Berthold, Dresden: S. 58, 59
Beuroner Kunstverlag: S. 22, 23
bildarchiv preußischer kulturbesitz (bpk), Berlin: S. 6 li.
Bross Burckhardt, Langenburg: S. 51
Lutz Edelhoff, Erfurt: S. 13, 30, 31
Foto Berger, Zwettl: S. 8/9, 78
Thomas Gampl, St. Ottilien: S. 62, 63
Georg Geisbauer O. Carm., Kamp: S. 46, 47
Birgit Goldberg, Bad Honnef: S. 41 li.
Jesus-Bruderschaft Gnadenthal: S. 44, 45
Kloster Andechs (Hermann Baar): S. 19 u.
Kloster Gerode: S. 42, 43
Kloster Loccum: S. 49
Kloster Neuzelle: S. 56, 57
Klösterreich, Straß/Österreich: S. 75 u.
Kloster St. Lioba, Freiburg: S. 38, 39
Norbert Kustos, Malsch: S. 7, 24/25, 92/93
LWL/Axel Thünker, Lichtenau-Dahlheim: S. 26
Reinhard Mandl, Wien: S. 12
Marienhaus Waldbreitbach (Alexandra Kaul): S. 64, 65 li.
Axel Mosler, Dortmund: S. 50
Karin Puderbach, Waldbreitbach: S. 65 re.
Andreas Riedmiller, Oberzollhaus: Titelbild, S. 14, 16/17, 21, 32, 33, 34/35, 36, 37, 76/77, 82/83
P. Damian Rutishauser, Einsiedeln: S. 84, 85 u.
Willi Schabmair, Schlehdorf: S. 60
Sr. Josefa Thusbaß, Schlehdorf: S. 61
Franz-Josef Stiele-Werdermann, Konstanz: S. 85 o.
St.-Gallen-Bodensee Tourismus: S. 91
Stift Altenburg: S. 68/69, 70, 71
Stift Melk: S. 74 (Augustin Baumgartner, Graz), 75 o. (Günter Prinesdom, Wien)
Stiftsbibliothek St. Gallen: S. 11
Stiftung Kartause Ittingen, Warth: S. 86, 87
Stiftung Kloster Dalheim: S. 27
Stiftung Pro Kloster St. Johann, Müstair: S. 88, 89
Roland Striegel, Eisleben: S. 28, 29 o.
Umweltstation Waldsassen: S. 67 u.
Vier-Türme GmbH, Münsterschwarzach: S. 55
Heinz Wohner, Dortmund: S. 52, 53
Zentrum für Umwelt und Kultur, Benediktbeuern: S. 20
Zisterzienserinnenkloster St. Marien zu Helfta, Eisleben: S. 29 u.
Zisterzienserstift Zwettl: S. 79, 80/81

Das Titelbild zeigt eine Nonne im Blumengarten des Klosters Frauenwörth auf der Insel Frauenchiemsee.

Inhalt

Vorwort *Miriam Kauko*

Im Slalom mit der Rikscha durch die Chandni Chowk, die Getümmelhauptstraße von Alt-Delhi. Links und rechts drängeln sich zahllose Fahrräder, Kühe und knatternde Motor-Dreiräder an uns vorbei, nur schemenhaft erkennbar durch den Abgasnebel, aber gut zu hören, ebenso wie die Basarschreier, die ihre Teppiche, Gewürze und Hühner anpreisen, musikalisch unterstützt von dudelnden Radios. Die Fahrt geht weiter, sechsspurig auf drei Fahrbahnen, durch Delhis stinkendes, ohrenbetäubendes, motorisiertes Chaos, dann Ankunft im Lodhi Garden. Als hätte jemand den Ton abgeschaltet. Wie eine Fata Morgana taucht plötzlich eine Palmenoase auf, kleine Bäche, frisches Grün. Völlige Stille. Kaum Bewegung. Blumenduft. Erstmal hinsetzen, am besten in den Schatten eines Mammutbaums, und Luft holen, die Entspannung spüren. Die Umgebung wirken lassen. Prächtige Steinpaläste erinnern an die mächtigen Sultane des 15. Jahrhunderts, die in ihnen begraben liegen. Die Geschichte holt die Gegenwart ein, die Zeit relativiert sich.

Ein ähnliches Gefühl stellt sich auch beim Betreten eines Klostergartens ein, nur dass man in dem Fall keinen indischen Basar hinter sich lässt, sondern vielleicht einen anstrengenden Arbeitstag, einen Wust sich überstürzender Ereignisse oder verregnete Wochen in einer asphaltierten Wohnsiedlung. Genau beschreiben, was den Zauber von Klostergärten ausmacht, kann wohl niemand. Man muss hingehen und ihn erleben. Ganz so einfach kommt man häufig jedoch nicht hinein – etliche Gärten liegen in der Klausur, hinter hohen Mauern oder zumindest jenseits der Klosterpforte, vor der man insgeheim großen Respekt hat. Ist man dennoch angekommen, macht die klösterliche Abgeschlossenheit, zu der eben nicht jederzeit Zutritt besteht, einen Teil der ergreifenden, ja geheimnisvollen Atmosphäre aus. Nun gibt es reichlich Gelegenheit auszuprobieren, wie belebend die bunten Pflanzen wirken – kaum jemand, der umgeben von Gladiolen, Rittersporn, Lavendel und

Rosen nicht gute Laune bekäme. Nicht nur für Renaissanceprinzessinnen ist das Lustwandeln durch gepflegte Gartenanlagen ein herrliches Vergnügen. Doch die Faszination der Klostergärten geht weit über den „schönen Schein" hinaus. Nehmen wir uns Zeit, setzen uns eine Weile auf die Bank und beobachten den Springbrunnen. Dahinter die Klostermauer aus unregelmäßig geformten Steinen, die vielleicht seit 800 Jahren an derselben Stelle stehen. Ringsum wachsen Kräuter, die Mönche und Nonnen schon im Mittelalter zur Heilung ihrer Kranken einsetzten. Etwas weiter entfernt ein Apfelbaum, archaischer Symbolträger und gleichzeitig als Teil einer Streuobstwiese Ausdruck der Wiederentdeckung bewährter Gartenbauverfahren. Mit einem Mal schlägt die Turmuhr, und wir werden an die eilende Zeit erinnert, die um uns herum eine andere Dimension erhalten hat. Mitzuerleben, wie die lineare Ordnung von Zeit hier ausgesetzt wird, gebrochen wie ein Lichtstrahl im Prisma, ist eine aufsehenerregende Erfahrung.

An diesem begrenzten Ort kommen unzählige Zeitschichten zusammen. Jeder Klostergarten spiegelt auf symbolischer Ebene den biblischen Garten Eden wider und erinnert so an das ewige Leben. Eine Ahnung vom Paradies möchten die Klosterschwestern gerne erzeugen, wenn sie liebevoll, mit schmerzendem Rücken und großem Sachverstand, Pflänzchen für Pflänzchen in den Boden setzen. Im Großteil aller Klöster bildet der Kreuzgarten,

der vom Kreuzgang umgebene Hof, das Herz der gesamten Anlage, erhält also architektonisch, funktional und gefühlt den exponiertesten Platz. Angesichts dieses mächtigen Orts, den mitunter nicht einmal die Mönche betreten, wird der Betrachter von andächtiger Ehrfurcht ergriffen – dem Schauer vergleichbar, der einem im Halbdunkel einer kerzenbeleuchteten Kathedrale über den Rücken läuft, wenn der Mönchschor seine Stimmen zum Gregorianischen Choral erhebt.

Im Mittelalter bekamen die klösterlichen Gartenanlagen eine neue Ordnung und Funktion: der heilige Benedikt von Nursia (um 480–547), der Begründer des westlichen Mönchstums, legte in seiner Ordensregel fest, ein Kloster müsse sich selbstständig versorgen können, um nicht in Abhängigkeit von der Außenwelt zu geraten. Daraufhin wuchsen die Gemüse- und Obstgärten und man beschäftigte sich mit den heilenden Wirkungen der Pflanzen, um die medizinische Versor-

gung der Klostergemeinschaft zu verbessern. Da Mönche zumeist die einzigen Lesekundigen weit und breit waren, fanden in den Schreibstuben und Bibliotheken erste Gehversuche botanischer und heilkundlicher Wissenschaft statt. Der Reichenauer Abt Walahfrid Strabo (um 808–849) beschrieb in 444 Hexametern fachkundig das zeitgenössische Wissen über Gartenbau und Phytotherapie und bereicherte mit seinem „Hortulus"-Gedicht nicht nur die Poesie, sondern auch die Botanik. Man wird kaum einen klösterlichen Kräutergarten der Gegenwart antreffen, dessen Pflanzen nicht nach Reichenauer Vorbild angeordnet sind.

Ein Spiegel des pflanzenkundlichen Kenntnisstandes der karolingischen Zeit ist das „Lorscher Arzneibuch", der erste „Leitfaden der Alternativmedizin", den Mönche des Klosters Lorsch im 8. Jahrhundert erstellten. Etwa zur selben Zeit versammelte Strabos Lehrer, der Fuldaer Mönch und Universalgelehrte Hrabanus Maurus (780–856),

sein umfängliches Wissen über die Natur in der enzyklopädischen Schrift *De rerum naturis*. Mit dem *Macer Floridus* legte der Benediktinermönch Odo von Meung kurz nach der Jahrtausendwende ein europaweit bekanntes Standardwerk der Kräuterheilkunde vor, das dem System der Säftelehre verpflichtet ist, vergleichbar dem Hildegards von Bingen (um 1100–1179). Die ebenso streitbare wie visionäre Äbtissin des Klosters Rupertsberg begründete eine Medizin, die auf der Wiederherstellung des seelischen Gleichgewichts beruht. Obwohl bereits von ihren Zeitgenossen angezweifelt, wenden sich bis heute viele Menschen zur Bekämpfung diverser Unpässlichkeiten der Hildegard-Medizin zu.

Viel später, in den 60er Jahren des 19. Jahrhunderts, gelang es dem Augustinerpater und Erbsenzähler Gregor Johann Mendel (1822–1884) im Klostergarten von Brünn, die Grundlagen der genetischen Vererbung aufzudecken. Er revolutionierte so mit seinen Mendel'schen Gesetzen die Biologie.

Im Barock neu gestaltete Klöster sind oftmals stolze Besitzer schlossähnlicher Lust- und Terrassengärten, nach historischem Vorbild wiederhergestellt im

Zuge der „Renaissance der Gärten" der letzten Jahre. Daran sieht man, dass auch Klostergärten vom Zeitgeschmack beeinflusst werden, über die Jahre Spuren verschiedener Epochen aufsammeln und sie organisch integrieren.

Unabhängig von Zeitalter und ästhetischem Stilempfinden haben alle Klostergärten das gemeinsam, was ihre Bezeichnung bereits ankündigt. Denn das deutsche Wort „Garten" geht auf die indogermanische Wurzel „ghortos" – das Eingefasste, Umzäunte – zurück. Der Begriff betont die Schutzfunktion gegenüber dem darin Befindlichen. Und genau so fühlt man sich im Klostergarten, innerhalb der hohen Mauern, freundlich begrüßt von strahlenden Sonnenblumen: sicher und sehr gut aufgehoben – als wäre man nach langer Reise endlich angekommen.

Nahe der Ostspitze der Insel Reichenau im Bodensee steht eine der ältesten Georgskirchen Europas, die um 900 erbaut wurde. Das Langhaus der vorromanischen Basilika zieren wertvolle Wandmalereien mit Szenen aus dem Leben Jesu.

Das slawische Wort Zwettl bedeutet „lichter Ort, Lichtung" und stellt das Kloster damit bewusst an die Seite der französischen Mutterzisterze Clairvaux. Die Zwettler Mönche waren im 12. Jahrhundert maßgeblich an der Erschließung des Waldviertels in Österreich beteiligt. Da der Zisterzienserorden als früher Pionier in der Ausnutzung von Wasserkraft gilt, wurden seine Klöster vornehmlich in bewaldeten Tälern mit Bachläufen oder in Sumpfgebieten gegründet.

In Zwettl bezeugt heute das sechseckige Brunnenhaus aus der Frühgotik die große Bedeutung von Wasser für die Zisterzienser. Es ist an den prächtigen mittelalterlichen Kreuzgang angeschlossen, der im 13. Jahrhundert unter französischem Einfluss erbaut wurde. Unterschiedlich gefärbte Gesteinsarten wie Granit, Sandstein und Marmor sowie variierende Formen ergeben ein plastisches Gesamtbild von höchster Ästhetik. Zwischen den Fenstersäulen strahlen die farbenprächtigen Pflanzen des Kreuzganghofs hindurch.

Zeichen der Hoffnung *Altabt Dr. Odilo Lechner OSB*

Merkwürdig – der Rationalismus der Neuzeit hat besonders zwei Dinge als unnütze Relikte des Mittelalters betrachtet und verachtet: Wallfahrten und Klöster. Darum hat die Säkularisation von 1803 sie mit Verboten und mit Aufhebung belegt. Heute aber erleben wir einen erstaunlichen Aufschwung des Wallfahrens, etwa auf dem Jakobsweg nach Santiago de Compostela, und ein wachsendes Interesse an einem Klosteraufenthalt. Und das, obwohl gerade in den letzten Jahrzehnten der Gottesdienstbesuch und der Nachwuchs der Klöster im Allgemeinen stark zurückgegangen sind. Vielleicht zeigt sich darin eine Sehnsucht des Menschen unserer Zeit, die sich weder durch die Sicherungssysteme unserer Gesellschaft noch durch ihre vielen, sich immer rascher verändernden Angebote befriedigen lässt. Wer sich auf einen Pilgerweg begibt, wer das Kloster als einen Ort der Stille aufsucht, bricht aus der Starre des Gewohnten und aus der Unrast unserer Mobilität zu etwas anderem auf. Er sucht die Alternative. Sie suchte das Mönchtum der frühen Christenheit, wenn es aus den Städten aufbrach in die Wüste. Es wollte beides: sich nicht einrichten in dieser Welt, Pilger sein, für Christus in die Fremde gehen. Leben in der Gemeinschaft – ausharren in ihr, Stabilität, wie sie etwa die Benediktiner geloben.

In diesem Buch geht es um solche Orte, wo Mönche und Nonnen leben und anderen Menschen für eine Zeit Gastfreundschaft gewähren. Was können Menschen dort finden?

Tore zum Anderen

Auch wer nur flüchtig an einem Kloster vorübergeht, spürt bewusst oder unbewusst: Da ist etwas anderes. Da ist es stiller als anderswo. Da wird Zeit auf etwas verwendet, was keinen Nutzen zu bringen scheint. Die Klostermauer scheint Ausdruck zu sein für eine Abgrenzung von der übrigen Welt. Es sollen ja andere Ziele, andere Gesetze gelten als die sonst üblichen, nicht die Maximierung des Gewinns, der Leistung, der Lust. Ziel ist die Suche nach Gott. Darum hat etwa Benedikt von Nursia (um 480–547) als Student seine Studienstadt Rom verlassen – und damit die Dekadenz, die Vieldeutigkeit und Brüchigkeit der spätantiken Zivilisation –, um allein Gott zu gefallen. Er suchte den Unendlichen, er suchte den Einen. Darum lebte er dann drei Jahre in der Höhle von Subiaco – mit Gott allein. Wenn er später Schüler um sich sammelte und sie zum gemeinsamen Leben anleitete, dann war seine erste Frage, *ob sie wirklich Gott suchen.*

Tore zum Bleibenden

Hartmut Rosa hat in seinem Buch „Beschleunigung. Die Veränderung der Zeitstruktur in der Moderne" darauf hingewiesen, wie sehr unsere Gesellschaft „Entschleunigungsoasen", also eine Verlangsamung, braucht, wie die Veränderungsdynamik das Bewusstsein von Konstanz, wie alle Mobilität eine tragende Stabilität benötigt. Anthony Giddens hat in „Die Konsequenzen der Moderne" den Menschen von heute durch „disembedding" gekennzeichnet, durch die Entwurzelung, durch den Verlust der örtlichen Identität. Zugleich verweist er auf die Sehnsucht gerade junger Menschen nach „reembedding", nach dem Finden einer neuen Identität. Der Besuch eines Klosters führt geschichtliche Kontinuität, vielleicht durch Jahrhunderte, vor Augen. Spürbar wird, dass es bei allem gesellschaftlichen und kulturellen Wandel Bleibendes gibt, Regeln des Zusammenlebens, Symbole und Rituale, Zeugnisse menschlicher und göttlicher Weisheit. Immer wieder erfahre ich von Gästen ihr Erstaunen über die Führungsweisheit einer anderthalbtausend Jahre alten Regel, über das Heilsame eines gleichbleibenden Tagesrhythmus, über die Kraft der Psalmen, der zum Teil dreitausend Jahre alten Lieder des erstwählten Gottesvolkes.

So wird für manche ein bestimmtes Kloster zu einer zweiten Heimat. Etwas von seiner Ordnung übertragen sie auf ihr Leben in der Familie und im Beruf, auch wenn die Verhältnisse nur ganz kleine Adaptionen zulassen. Was sie vom Kloster mitnehmen ist die Einsicht in den Wert fester Bräuche, von Zeiten einer besinnlichen Lesung, eines ruhigen Gesprächs, stabiler Elemente in der Hektik des Alltags.

Stabilität bedeutet Bindung. Das ist nicht Fesselung, sondern Bedingung von freier Entschiedenheit. Die vielen Möglichkeiten, die uns heute locken, verhindern oft die Entscheidung zur Verwirklichung von einer aus diesen. Solche Bindung will gerade zur inneren Freiheit führen, zur Beweglichkeit hin auf ein großes Ziel. Der Benediktiner Jean Leclercq hat 1962 eine Lobrede auf die Stabilität gehalten und dabei einen modernen Dichtermönch zitiert: Georges Chopiney. Dieser lässt eine Schnecke, die ihr Schneckenhaus zu den vier Ecken der Welt zieht, zu einem eingepuppten Falter sagen: „Was tust du nur in deiner Puppe?" „Ich lasse mir Flügel wachsen", antwortet der Nachtfalter aus seiner Puppe heraus. „Du wirst nie welche haben, du, denn sie sind ein Geschenk Gottes an die Stabilität."

Tore zum rechten Maß

Klösterliche Regeln leben aus der Einsicht, dass die Suche nach der Einheit des Lebens zur Suche nach einer rechten Ordnung des Vielen, dass die Suche nach dem Unendlichen zur Suche nach dem rechten Verhältnis der endlichen Dinge, dass die Suche nach Gott zur Suche nach dem rechten Maß führt. Räumliche Anordnung, Einteilung der Zeit, Zuteilung von Aufgaben und Hilfen nehmen den Menschen hinein in eine Ordnung, die zu einer Einheit unseres ganzen Lebens führt. So ist das Kloster, das claustrum, der abgeschlossene Bereich mit seinen Mauern, nicht eine Abwehr gegen die unheilige Welt draußen, sondern zuerst die heilsame Begrenzung auf ein Stück dieser Welt. Hier, im überschaubaren Bereich des eigenen Ortes, ist der kleine Anfang der großen Änderung der Welt. Hier können wir, auch wenn wir im Blick auf die Weltordnung resignieren möchten, doch immer wieder beginnen. Für mein Leben, für meinen Aufgabenbereich, muss ich immer wieder neu das rechte Maß suchen.

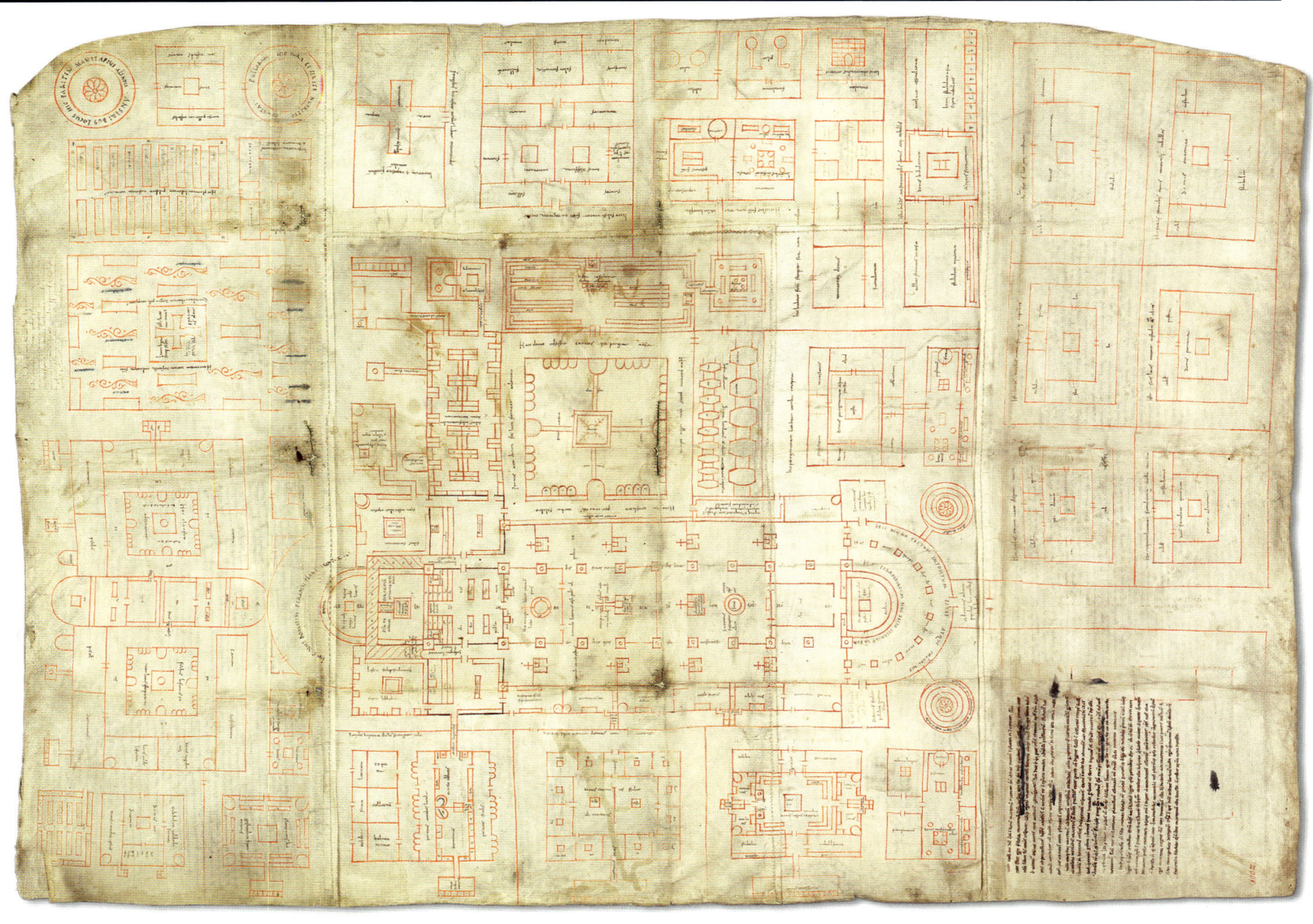

Tore zur Gestaltung der Welt

Das Kloster wird so zu einem Ort, an dem der Schöpfungsauftrag des Menschen ernst genommen wird. Die Erde ist ihm anvertraut, damit er sie bebaue und hüte (Gen 2,15). Zwei Bilder sind es vor allem, die diese Gestaltung der Welt bezeichnen, der Garten und die Stadt, die dann auch das Bild letzter Vollendung darstellt: „Die Heilige Stadt, das neue Jerusalem … die Stadt mit den zwölf Toren, den zwölf Perlen." (Offb 21,10)

Den Titel „Haus Gottes" verwendet Benedikt für das ganze Kloster mit all seinen Bereichen. Alles Notwendige soll darin Platz haben: „Wasser, Mühle und Garten, die verschiedenen Arten des Handwerks" (Kap. 66). Darum heißt es vom Cellerar, dem Verwalter eines Klosters: „Alle Geräte und den ganzen Besitz des Klosters betrachte er

als heiliges Altargerät. Und nichts darf er vernachlässigen." (Kap. 32) Darum werde der Besitz des Klosters zuverlässigen Brüdern anvertraut: „Wenn einer die Sachen des Klosters verschmutzen lässt oder nachlässig behandelt, werde er getadelt" (Kap. 32). Hier ist die Verantwortung für das uns anvertraute Haus der Welt angesprochen, beginnend an dem Stück der Erde, die das Kloster ist. Das griechische Wort für Haus, „oikos", ist ja in viele für uns wichtige Begriffe eingegangen, wie Ökonomie, Ökologie und Ökumene. Unsere Verantwortung ist Antwort auf den Anruf des Schöpfers, auf den Wert der Dinge, auf die Würde und die innere Sinnhaftigkeit der Natur. Dies kann in der ganzen Anlage des Klosters, in seinen Gärten, in seinem Umland zum Ausdruck kommen: Ehrfurcht vor der ganzen Schöpfung.

Darum spielt der Bauplan des Klosters eine große Rolle. So gibt Benedikt den Mönchen, die ein neues Kloster gründen, im Traum die Weisung von der

rechten Anordnung der Räume. Für das frühe Mittelalter wird der St. Galler Klosterplan der Idealplan schlechthin. Innerhalb der Klosteranlage finden wir mehrere Gärten. In zentraler Lage neben der Kirche den Kreuzgang. Vor der Kirche den als Paradies bezeichneten Vorhof, neben der Apotheke den Heilkräutergarten, dann den Gemüsegarten. Der Friedhof ist als Baumgarten angelegt, vor allem mit Obstbaumbestand. Die Gärten, Kreuzgang und Paradies zumal, leiten an, die Erde als Schöpfung zu erspüren und den Schöpfer zu erahnen, sich des Ursprungs des Menschen im Paradies zu erinnern und den neuen Himmel und die neue Erde

Der berühmte St. Galler Klosterplan aus dem frühen 9. Jahrhundert setzt die Regeln des hl. Benedikt architektonisch um. Das kostbare Pergament wird in der St. Galler Stiftsbibliothek aufbewahrt.

zu erwarten. Da kann der Mensch die göttliche Weisheit betrachten, die von sich sagt: „Ich selbst war wie ein Bewässerungsgraben, wie ein Kanal, der hinabfließt zum Garten. Ich dachte: ich will meinen Garten tränken, meine Beete bewässern." (Sir 24,30) Er darf auf die bräutliche Seele und die bräutliche Kirche anwenden, was das Hohe Lied von der schönen Geliebten singt: „Ein verschlossener Garten ist meine Schwester Braut, ein verschlossener Garten, ein versiegelter Quell. Ein Lustgarten sprosst aus ihr." (HLd 4,12f) So werden das Haus (als Tempel Gottes) und der Garten auch Bild für den Menschen selbst. Die spanische Mystikerin Theresia von Ávila (1515–1582) schildert den Menschen als Seelenburg mit den sieben Wohnungen

Der Kreuzhof, hier des Klosters Zwettl, im Zentrum der Klausur vermittelt eine Ahnung vom Paradies. Häufig hat ausschließlich der Gärtner Zutritt zu diesem spirituellen und symbolträchtigen Ort.

und zugleich als den guten Gärtner, der die Pflanzen regelmäßig begießt, „damit sie nicht vertrocknen, sondern wachsen, blühen und herrlich duften, damit sich unser Herr daran erfreue. So wird er oft in unseren Garten kommen und sich zwischen den Blumen der Tugend ergehen."

Tore zur Schönheit

Für viele sind die Vorstellungen vom Leben im Kloster eher düster. Ist nicht ein Motiv, ins Kloster zu gehen, gerade der Verzicht auf die Freuden und Schönheiten der Welt, um Christus in seinem Leiden nachzufolgen? Und doch empfinden wir Gestalt und Umgebung der Klöster als besonders schön. Worin beruht das Geheimnis dieser Schönheit? Sicher auch darin, dass das Kloster ein Ort des Bleibens ist, den Generationen gestalten. Sicher, weil das klösterliche Leben geordnet ist, in allem das rechte Maß sucht, die guten Proportionen ausmisst. Aber auch, weil Schönheit nicht ein Luxus ist, der zum Nützlichen und Lebensnotwendigen dazukommen kann, son-

dern weil die Schönheit ein Attribut Gottes ist, weil Welt und Mensch Gleichnis und Ebenbild von ihm sind und weil darum die schöne Gestaltung der Erde eine Aufgabe ist, wie das Wahre und das Gute dem Menschen aufgegeben sind. Wer des Schönen gewahr wird, antwortet in preisendem Dank und verherrlichendem Lob. Der indische Dichter und Philosoph Rabindranath Tagore (1861–1941) sagte einmal: „Wir sind in diese Welt gekommen nicht nur, dass wir sie kennen, sondern dass wir sie bejahen." Wenn sich im Kloster Menschen immer wieder zum Lobpreis Gottes zusammenfinden, dann kann und soll es Ausdruck des ganzen Lebens sein: das Leben wird ein Ja.

Tore zu Arbeit und Muße

Die Suche nach dem rechten Maß, die Aufgabe der Weltgestaltung lassen die Arbeit des Menschen in einem neuen Licht sehen. Die Klöster, die benediktinischen zumal, haben ja eine Wende in

der Arbeitsauffassung herbeigeführt. Für die Antike war die Handarbeit ein bitteres Muss oder eine Sache der Sklaven. Für Benedikt gehört die Arbeit zum Wesen des Menschen. Er hat teil am Schöpfungsauftrag. Ohne Arbeit könnte er sich nicht verwirklichen. Darum soll jeder, auch der Ältere und Schwächere, eine Arbeit tun, freilich ohne von ihr erdrückt oder aufgefressen zu werden. Die Benediktsregel hat ein eigenes Kapitel über die tägliche Handarbeit, in dem die Zeiten für die Arbeit und die Zeiten für die besinnliche Lesung, für die Muße, je nach Jahreszeit über den Tag verteilt werden. In einem anderen Kapitel über die Handwerker hält Benedikt es für sinnvoll,

Abgeschirmt durch hohe Klostermauern, lauschen die Mönche in beschaulicher Stille auf Gott. Der Wandel der Jahreszeiten erinnert sie an das ewige Werden und Vergehen. Die Abbildung zeigt einen Mauerteil des Augustinerklosters zu Erfurt.

dass der in einer Kunstfertigkeit Ausgebildete sein Handwerk ausübt im Dienst an der klösterlichen Gemeinschaft. Benedikt meint freilich, wenn einer überheblich und eingebildet wird auf sein Können, auf seine Leistung, „dann werde er von seiner Arbeit weggenommen bis er Demut zeigt". So wichtig die gute Arbeit ist, so wenig darf allein die Leistung, die Tüchtigkeit das entscheidende Motiv sein. In diesen Kapiteln spricht Benedikt auch davon, wie man die Produkte der Arbeit verkaufen soll – ohne Betrug, ohne Habgier, ja sogar billiger als sonst üblich –, „damit Gott in allem verherrlicht werde". In jeder Arbeit, sei sie noch so unscheinbar, sei sie noch so profan, kann Gott verherrlicht werden, kann sein Glanz aufleuchten. So kann auch die nicht ansehnliche und nicht angenehme Arbeit doch frohen Herzens erfüllt werden. So könnte jeder Besucher des Klosters in seinen Arbeitsalltag eine neue Motivation mitnehmen, ein neues Ja zu dem Auftrag, Gottes Lichtglanz aufleuchten zu lassen in allem Tun.

Tore zum Wort

Wie finden wir das rechte Maß, die rechte Motivation, den Sinn unseres Daseins?

Gerade darum suchen ja viele Menschen das Kloster auf, um auf diese Fragen Antwort zu finden. Klöster wollen eine Schule des Hörens sein. Das erste Wort der Regel des heiligen Benedikt ist das Wort „Horche, neige das Ohr deines Herzens". Denn der Mönch lebt aus der Gewissheit, dass alles dem schöpferischen Segenswort Gottes entstammt und dass dem Menschen in besonderer Weise sein Wort zugesprochen ist. Wir leben in einer Welt umfassender Information und Kommunikation und damit auch in einer Welt des Lärms. Botho Strauss spricht vom Dichter als der „schwachen Stimme in der Höhle unter dem Lärm". Das Wort des Dichters, das Wort, das die Seele ergreift, und so auch das Wort Gottes an uns, bedarf des Raumes der Stille, damit es vernommen werden kann. Nur aus der Distanz zu den vielen äußeren Beeinflussungen, Bildern und Parolen können wir vernehmen, was wirklich uns selber meint und gut tut. Nur in der Stille erfahren wir unser eigenes Wesen, dass wir im Innersten Angesprochene und darum Sprachfähige sind.

Bei der Einweihung des nach dem Krieg wieder aufgebauten Montecassino am 24. Oktober 1964 rief Papst Paul VI. den heiligen Benedikt an, er möge uns helfen, „das persönliche Leben wieder zu gewinnen". Die Erregung, der Lärm, die Fieberhaftigkeit, die Veräußerlichung würden die Innerlichkeit des Menschen bedrohen. „Es fehlt ihm das Schweigen, es fehlt ihm die Ordnung, es fehlt ihm das Gebet, es fehlt ihm er selbst." Im Schweigen und Hören, im Hören auf das Wort Gottes, im Hören auf die Stimme des Inneren, im Hören der Menschen aufeinander können wir auch zum eigenen Wort, zur Antwort unseres Lebens finden.

Tore zur Kirche

Viele Klöster und Orden haben wichtige Aufgaben in der Gesellschaft übernommen: Predigt und Seelsorge, Wissenschaft und Schule, Sorge für Kranke und Arme. Die Suche nach Gott hat immer auch nach einer Aufgabe suchen lassen, durch die das Heil Gottes unter den Menschen Wirklichkeit wird. Viele Aufgaben, etwa der Krankenpflege oder Schulbildung, werden heute von der ganzen Gesellschaft wahrgenommen. Vielleicht ist die wichtigste Aufgabe, andere Menschen teilnehmen zu lassen an der eigenen Suche nach Gott, am eigenen Versuch, ein sinnvolles Leben zu führen. Die Institution Kirche ist vielen Menschen heute fremd geworden. Wenn sie im Kloster einfach mitleben, mitbeten, mitarbeiten, erfahren sie etwas von der Kirche im Kleinen. Fast alle frühen Ordensregeln beziehen sich auf die Schilderung der Jerusalemer Urgemeinde in der Apostelgeschichte (Apg 4,32–37) „sie hatten alles gemeinsam".

Die Benediktsregel schildert sehr eindringlich, mit welcher Liebe und Sorgfalt Fremde im Kloster aufgenommen werden sollen, weil in ihnen Christus selber aufgenommen wird. Man soll ihnen alle Menschlichkeit erweisen, sie aber auch mitnehmen zum Gebet und sie durch die Weisung Gottes erbauen. So erfahren sie: Kirche entsteht, wo Menschen durch den Anruf Gottes zusammengeführt werden.

Tore zum Frieden

Klöster sind eine Welt im Kleinen. Die großen Probleme der Welt und der Kirche spiegeln sich auch in ihnen. Das Kloster lebt aus der Überzeugung, dass in Christus alle eins sind, dass es vor

Gott kein Ansehen der Person gibt. Darum darf auch im Kloster niemand etwas sein eigen nennen. Und doch sind die Menschen verschieden. Darum sagt Benedikt, dass der Abt der Eigenart Vieler dienen muss. Im Kapitel über das Maß der Getränke zitiert er Paulus:

Seit Jahrhunderten wissen die Nonnen um die wohltuende Wirkung von Pflanzen. In alten Zeiten waren ihre Heilkunst und der klösterliche Kräutergarten oft die einzige Hoffnung für Kranke.

„Jeder hat seine Gnadengabe von Gott, der eine so, der andere so." (1 Kor 7,7) Weil die Menschen so verschieden sind, darum will er nur mit Ängstlichkeit das gemeinsame Maß für andere festsetzen. Wichtig ist ihm, dass jedem nach seinen Bedürfnissen zugeteilt wird. Und darum sieht er immer wieder darauf, dass zwar die Starken finden, was sie suchen, aber die Schwachen nicht betrübt und zum Weggang getrieben werden. Er möchte, dass alle Glieder der Gemeinschaft in Frieden sind und dass, wenn es Dissonanzen gab, sie wieder zum Frieden zurückkehren. Wer in einem Kloster zu Gast ist, wird freilich merken, dass auch hier keine heilige Eintracht herrscht, dass es, wie überall, auch Neid und Missverständnisse, Misstrauen und Ärgernisse gibt. Aber es kann doch gerade dadurch deutlich werden, dass Menschen, die sich nicht von vornherein sympathisch finden, die ihre Fehler und Schwächen haben, es doch miteinander aushalten und immer wieder neu zu beginnen suchen. In einer klösterlichen Ordnung könnte man ein Modell sehen für unsere ganze Gesellschaft und für die Aufgabe, die uns im 21. Jahrhundert gestellt ist: Den Antagonismus des 20. Jahrhundert zu überwinden, den Gegensatz von Kollektivismus und Individualismus, der Weltanschauungen, die nur das Ganze eines Volkes, einer Klasse, der zukünftigen Gesellschaft im Blick hatten und den einzelnen für das Ganze zu opfern bereit waren. Und des Individualismus, der vor allem in den letzten Jahrzehnten nur auf die Selbstverwirklichung und Selbstentfaltung des Einzelnen blickte und das Ganze aus den Augen verlor. Die Hinordnung auf Gott kann beide Haltungen versöhnen. Gott blickt auf jeden Einzelnen mit unendlicher Liebe und Gott sieht alle zusammen. Der Einzelne verliert sich nicht in der Masse, er verwirklicht sich gerade darin, dass er in eine Aufgabe für andere, in einen Dienst für das Ganze gerufen ist.

Tore zur Zukunft

Umberto Eco, der große Mediävist und Schriftsteller („Der Name der Rose"), bemerkte einmal trotz seiner erkenntnistheoretischen Skepsis: „Nur wenn man einen Sinn für die Richtung der Geschichte hat, kann man die irdische Wirklichkeit lieben und glauben, dass noch Platz für die Hoffnung ist. Wenn es diese Hoffnung nicht gibt, wäre es gerechtfertigt, uns vor die Mattscheibe zu setzen und zu warten, dass uns jemand unterhält, während die Dinge laufen wie sie sind." Klöster sind Orte, wo man eine Richtung der Geschichte spüren kann. Die Gebäude erzählen von einer langen Vergangenheit, von Aufbrüchen und Niedergängen, von Zerstörungen und von Wiederaufbau. Oft weisen sie zurück auf Daten der Heilsgeschichte, etwa durch Reliquien aus dem Heiligen Land, erinnern an Ereignisse, in denen die Gnade Gottes besonders spürbar wurde. In der Liturgie wird das geschichtliche Heilshandeln Gottes gegenwärtig, in den Gestalten der Heiligen werden Szenen aus der Geschichte der Kirche vor Augen gestellt. Wir werden eingebettet in einen großen Strom des Geschehens und finden darin auch immer wieder Deutungen für unsere geschichtliche Situation. Manchmal freilich erliegen Bewohner wie Besucher der Versuchung, sich an der Vergangenheit festzuhalten, nostalgische Erinnerungen an frühere Zeiten zu pflegen, das Kloster als Museum zu betrachten und seine Insassen als Museumswächter. Aber nichts wäre falscher als dies. Denn Klöster sind Orte der Zukunft. Mönche und Nonnen sind Menschen der Erwartung des kommenden Herrn. Sie sind „Frühaufsteher", weil sie den Morgen, den Sonnenaufgang wachend und betend erwarten als Zeichen der Auferstehung, als Zeichen für den wiederkommenden Herrn. Dies ist freilich keine Vertröstung auf ein fernes Jenseits. Der Herr ist immer im Kommen und wirkt durch seinen Geist, der neues Leben schafft. Unsere Zukunft wird nicht nur aus wirtschaftlichen und naturwissenschaftlichen Daten der Gegenwart berechnet, sondern ist offen für freie Entscheidungen, für die Abenteuer des Lebens und für die Überraschungen des Heiligen Geistes. Diese Wachheit soll das Kloster kennzeichnen. Dabei gelten freilich nicht mehr die Maßstäbe irdischer Erfolge und Fortschritte und äußeren Wachstums. Die Verheißungen des Evangeliums versprechen gerade nicht, wie fast alle anderen Weltanschauungen und Heilsbotschaften, dass es den Jüngern und der Welt immer besser gehen wird. Freilich verheißen sie, dass der Herr immer mit uns geht und dass er zur Vollendung, zu einem guten Ende führt. So wenig wir also auch im Kloster einzelne Daten unserer eigenen Zukunft und der der Welt vorauswissen, so sehr sind wir davon überzeugt, dass unser eigenes Leben und die ganze Geschichte einer gottgewollten Vollendung zuläuft. Im Kloster kann man und soll man das eigene Ende, den Tod bedenken, wie es Benedikt in seiner Regel formuliert: „Den Tod täglich vor Augen haben." Das versetzt nicht in Schrecken und Angst, sondern gibt gerade die rechte Gelassenheit und die Bereitschaft, das zu erkennen, was in unserem Leben wichtig ist.

Ich bin immer wieder sehr bewegt, wenn ich kleine und stark überalterte klösterliche Gemeinschaften besuche. Sie haben keine jungen Mitglieder mehr und müssen damit rechnen, dass ihr Kloster in einigen Jahren nicht mehr bestehen wird. Aber sie helfen einander, das Alter zu bewältigen, sie singen frohgemut, wenn auch mit schwacher Stimme, den Lobpreis Gottes. Sie bewahren sich eine heitere Gelassenheit, weil sie ihre Zukunft in der Hand Gottes geborgen wissen. Auch dies also kann ein Klosteraufenthalt lehren: getrost dem Sterben entgegensehen. Vor allem dürfen wir Leben und Geschichte als eine Ganzheit sehen, als einen Weg, der einen Anfang, das schöpferische Segenswort Gottes, und ein Ende, die Vollendung in Gott, hat, aber auch eine Mitte, die Gegenwart Gottes in der Geschichte, in seinem Sohn Jesus.

Vom Kloster sollte der Besucher weggehen mit einer neuen Hoffnung für sein eigenes Leben. Für diese Hoffnung gibt es Zeichen: das immer neue Aufblühen der Pflanzen im Garten und das Zeichen des Kreuzes als Gegenwart von Tod und Auferstehung.

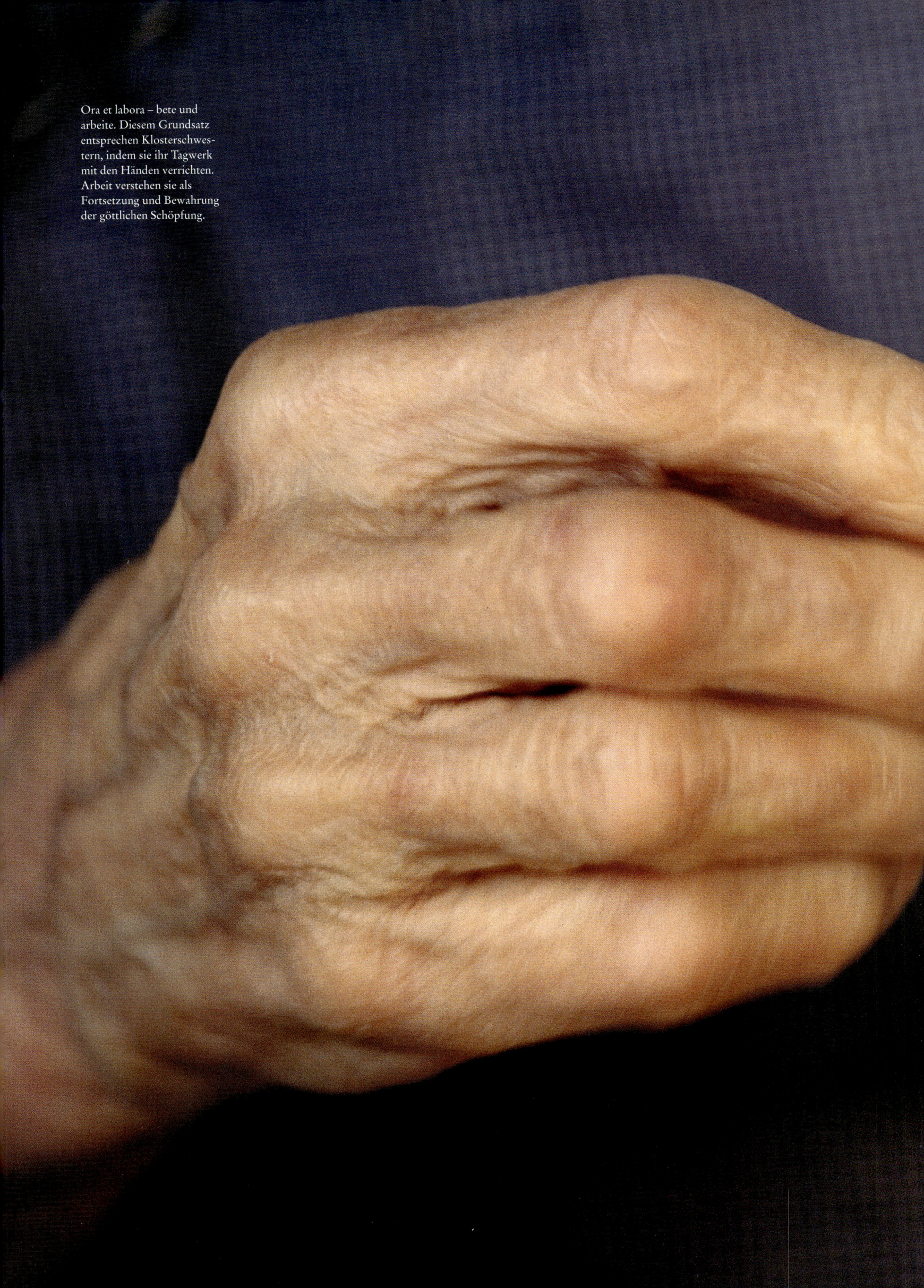

Ora et labora – bete und arbeite. Diesem Grundsatz entsprechen Klosterschwestern, indem sie ihr Tagwerk mit den Händen verrichten. Arbeit verstehen sie als Fortsetzung und Bewahrung der göttlichen Schöpfung.

Klöster in Deutschland

Miriam Kauko

Kloster Andechs

Kloster Andechs
Bergstraße 2
82346 Andechs
Tel.: 08152/376-0
Fax: 08152/376-143
info@andechs.de
www.andechs.de

Seit fast sechshundert Jahren ist das Benediktinerkloster Andechs, gelegen auf dem Heiligen Berg über dem Ostufer des Ammersees, ein beliebtes Ziel für Pilger. Namensgeber des Berges ist Herzog Ernst August I. von Bayern, der dort eine dreischiffige gotische Hallenkirche errichten ließ. Berühmt ist das Kloster für seinen Kräutergarten, für seine Stuckaturen des bayerischen Barock und Rokoko und natürlich für seine Brauerei.

Die repräsentativen Räume des Fürstentrakts können für Tagungen und Seminare genutzt werden, speziell für die „Exerzitien für Manager" oder für „Atem holen im Kloster Andechs". Zu Ehren des in Andechs begrabenen Carl Orff findet alljährlich von Juni bis August ein imposantes Festival statt. Bücher, Kerzen und vieles mehr kann in einem Klosterladen erworben werden.

Wer den Aufstieg auf den Heiligen Berg von Andechs geschafft hat, der wird reich belohnt. Oben angekommen erwartet den hungrigen Wanderer eine stärkende Mahlzeit mit vorzüglichem Steckerlfisch, knuspriger Schweinshaxe und natürlich einem kühlen Bier. Denn bereits seit 1438 ist Andechs für seine Gastronomie weithin bekannt. Frisch gestärkt steht nun ein Rundgang durch die prunkvolle, lichtdurchflutete Wallfahrtskirche an, die im 18. Jahrhundert vom Hofmaler und Rokokostuckateur Johann Baptist Zimmermann neu gestaltet wurde. Seine von filigranen Stuckaturen umrahmten Deckenfresken beziehen sich allesamt auf die Andechser Geschichte. In der Schmerzhaften Kapelle neben dem Hauptschiff liegt der Komponist Carl Orff (1895–1982) auf eigenen Wunsch hin begraben.

Vom Kirchenportal aus führen verwinkelte Kopfsteinpflastergässchen, die an die ehemalige Burganlage erinnern, an deren Stelle 1455 das Kloster entstand, zum Fürstentrakt. Zu besichtigen sind hier neben einigen monumentalen Ölgemälden vor allem die reiche Stuckornamentik der Wessobrunner Kunstschule mit Blüten-, Frucht- und Muschelmotiven. Der restliche Konventbau, in dem die Mönche leben und arbeiten, ist für die Öffentlichkeit gesperrt, um angesichts der vielen Besucher einen Raum der Andacht und Kontemplation zu bewahren. Innerhalb der Klausur besteht noch der traditionelle Klostergarten, der von einem Benediktiner gepflegt wird und die Mönche mit Gemüse, Kräuter und Obst versorgt. Von der Terrasse des legendären Bräustüberls aus genießen Pilger wie Touristen die Aussicht über eine oberbayerische Hügellandschaft wie aus dem Bilderbuch. Auf einem kleinen Obstbaumgrundstück grasen Kühe, dahinter liegt das Gebäude der Klosterbrennerei neben einem verwunschenen Fischweiher. Macht man sich wieder an den Abstieg, kommt man unterwegs an den Hallen vorbei, in denen das weltberühmte Andechser Klosterbier gebraut wird – jedes Jahr rund 115 000 Hektoliter.

Doch nicht nur Gerstensaft wird seit dem Mittelalter auf dem Heiligen Berg hergestellt, Andechs hat auch eine lange pharmazeutische Tradition. Ende des 18. Jahrhunderts betrieb das Kloster sogar eine eigene Apotheke, deren Gebäude noch existiert. Teile ihrer Ausstattung sind im Deutschen Museum in München zu besichtigen. Die traditionelle benediktinische Heil-

Der Rokoko-Baumeister Johann Baptist Zimmermann entwarf um 1755 den Doppel-Hochaltar der Andechser Klosterkirche. Berühmt ist die spätgotische Gnadenmadonna in ihrer goldenen Strahlennische.

760 Meter hoch ist der Heilige Berg in Andechs (oben).
Angesichts dieser friedlichen
Idylle fällt die Vorstellung
schwer, dass sich auf der Tal-
seite täglich unzählige Besucher im weltberühmten Bier-
garten drängen.

Die Gartenarbeit der Mön-
che dient nicht nur dazu,
ihre Mitbrüder mit frischem
Salat und Kräutern zu versorgen. Sie wird als Huldi-
gung der Schöpfung Gottes
betrachtet, als Gebet und
nicht zuletzt als Meditation.

kunde lebt in den Rezepturen der Andechser Klosterarznei aus Arnika, Baldrian und Myrrhe sowie im 2003 entstandenen Lehrgarten fort. Auf den ausgedehnten Flächen der klösterlichen Landwirtschaft wachsen biologisch angebaute Kräuter- und Heilpflanzen. Das konzeptionelle Vorbild für die Gestaltung des Geländes bildet der Kräutergarten im St. Galler Klosterplan. Die harmonische Andechser Anlage besteht aus zwölf regelmäßig angeordneten Beeten, begrenzt von Lärchenholzplanken aus klostereigenen Wäldern. Hinter dem Staketenzaun aus heimischem Fichtenholz lugt eine Hecke mit Beerensträuchern hervor, bevor die jungen Bäumchen der Streuobstwiese die weite Aussicht unterteilen. Die Auswahl der Pflanzen erfolgte gemäß der „Andechser Apothekenliste", die bedeutender Teil einer Sammelhandschrift zur mittelalterlichen Pharmazie war. Ein Farbleitsystem, das auf die menschlichen Organe bezogen ist und Auskunft über die jeweiligen Anwendungsbereiche gibt, führt Interessierte durch das 1400 Quadratmeter große Areal. So ordnet etwa ein hell-

grüner Punkt den Thymian der Atemwegs-Gruppe zu, homöopathische Giftpflanzen sind durch ein orangefarbenes Warndreieck mit schwarzem Rand gekennzeichnet. Nicht nur Schulklassen, Heilpraktiker und Apotheker können sich hier über Kräuter und Heilpflanzen informieren, die in der Phytotherapie, Homöopathie und Volksheilkunde seit Jahrhunderten eingesetzt werden. Auch Naturfreunde und Liebhaber der frischen Kräuterküche werden Inspirationen finden, wenn an einem warmen Sommertag Bienen und Schmetterlinge in den Stauden Nektar sammeln und die Sonne Blüten und Blättern duftende Aromen entlockt. Vom Kräutergarten am Fuße des Heiligen Bergs kann man vor der Abreise noch einen Blick zurückwerfen auf den Kirchturm, der sich über den Bäumen zum Abschiedsgruß zu erheben scheint.

Kloster Benediktbeuern

Kloster Benediktbeuern
Salesianer Don Boscos
Don-Bosco-Straße 1
83671 Benediktbeuern
Tel.: 08857/880
Fax: 08857/88-199
info@kloster-benediktbeuern.de
www.kloster-benediktbeuern.de

Das in der oberbayerischen Kulturregion gelegene Kloster Benediktbeuern blickt auf eine 1250-jährige Geschichte zurück. Davon zeugt nicht nur eine umfassende Bibliothek, in der sich unter anderem ein Faksimile der im Jahr 1230 verfassten Handschrift der Carmina Burana befindet. Sehenswert sind vor allem das ehemalige Refektorium mit seinen seltenen Holzschnitzereien an der Decke, der Arkadenhof mit Springbrunnen und das Naturlehrgebiet mit Meditations- und Kräutergarten. Durch die Salesianer Don Boscos, die das Kloster im Jahr 1930 erwarben, erfolgte 1989 die Errichtung des Zentrums für Umwelt und Kultur (ZUK) im ehemaligen Meierhof des Klosters, 1992 wurde die Philosophisch-Theologische Hochschule zur Theologischen Fakultät mit Promotionsrecht erhoben. Darüber hinaus wurden ein Jugendpastoralinstitut und die Jugendbildungsstätte „Aktionszentrum" mit vielfältigen Angeboten ins Leben gerufen. Das Besondere am Kloster Benediktbeuern ist, dass es 80 Prozent des eigenen Energiebedarfs aus regenerativen Energiequellen selbst gewinnt.
Dem Besucher stehen etliche Kurse und Exkursionen offen, der Klosterladen ist täglich geöffnet.

In der Abenddämmerung erheben sich die Stimmen im Moor. Während der Mensch allmählich müde wird, erwacht die Natur: Laubfrösche beginnen ihr Konzert, man hört Vögel rufen, Rehe erscheinen auf den Lichtungen. Von Hochsitzen in der Umgebung des Klosters erspäht man vielleicht einen Hasen oder sogar einen scheuen Fuchs. Richtet man den Feldstecher auf sich selbst, wird die intensive Stimmungsveränderung sichtbar, die jeden im Schatten der imposanten Benediktenwand ergreift.

Um nichts weniger imposant als ihr Bühnenbild ist die barocke Klosteranlage im Vordergrund, die ab 1669 von den herausragendsten Künstlern der Zeit wie Georg Asam und Johann Baptist Zimmermann erbaut wurde. In ihrem Innern florieren seit der Klostergründung 739 Bildung und Wissenschaft. Schon im Mittelalter war das Kloster für seine Schreibschule und die umfangreiche Bibliothek bekannt, in der bis heute die Carmina Burana verwahrt wird, Europas größte Sammlung mittelalterlicher Lieder, 1937 von Carl Orff vertont. Von 1808 bis 1818 arbeitete der bedeutende Gelehrte Joseph von Fraunhofer in den säkularisierten Räumen. Als die Salesianer Don Boscos 1930 die heruntergewirtschaftete Klosteranlage erwarben, erwachte das intellektuelle Leben durch den weltoffenen Bildungsorden neu. Heute unterhält das Kloster zwei Hochschulen sowie das Zentrum für Umwelt und Kultur (ZUK).

Das Zentrum mit dem beschwingten Motto „Freude am Leben" erfüllt seinen Bildungsauftrag mit Themengärten und einem Naturlehrgebiet rund ums Kloster, informiert Besucher kompetent und ermuntert zu einem verantwortungsbewussten Umgang mit der Natur. Um sie be-greifbar zu machen, sind Biotope zum Anschauen und Erleben entstanden, in denen man zudem Tipps bekommt, wie im eigenen Garten solche Lebensräume realisiert werden können. In einem Multimedia-Museum kann man an überdimensionalen Grashalmen riechen und einen Moorblock untersuchen. Das Gebäude beherbergt außerdem einen entzückend altmodischen „Natur-Erlebnis Laden" mit ausgesuchten Kräuterprodukten und einschlägiger Literatur zum Thema Kraut und Unkraut. Direkt davor liegt der idyllisch eingewachsene Kräutergarten, wo die von Karl dem Großen (748-814) im „Capitulare de villis", seiner Landgüterordnung, empfohlenen Pflanzen wie Salbei, Raute, Rosmarin und Minze zu finden sind. 400 Millionen Jahre bo-

Erst einmal zur Ruhe kommen: Um sich den Übergang vom hektischen Alltag zur klösterlichen Besinnlichkeit zu erleichtern, kann der Besucher auf dem Weg vom Parkplatz zum Kloster Benediktbeuern im labyrinthischen Meditationsgarten einkehren. Philosophische Sinnsprüche und betörender Blumenduft bringen ihn auf andere Gedanken.

tanische Entwicklungsgeschichte werden hier bei einem Spaziergang durch die systematisch angelegten und von Buchshecken eingerahmten Beete nachvollziehbar. Nebenan bietet die gemauerte Kräuterspirale Pflanzen wie Tieren einen Lebensraum und liefert den Menschen frische Kräuter. Im Teich zu Füßen der Spirale wächst Brunnenkresse, am feuchten Hang Zitronenmelisse und auf dem trockenen „Gipfel" Thymian. Von einer lauschigen Bank unter Bäumen kann man über den Brunnen

„Benediktbeuern liegt köstlich und überrascht bei seinem Anblick", notierte Goethe, als er im Jahr 1786 dort Station machte. Die Anmut des romantischen Dörfchens zwischen Kochelsee und Benediktenwand ist in der Tat bezaubernd.

hinweg Schmetterlinge beobachten, die sich auf eigens für sie angepflanzten Blütenstauden niederlassen.

Einen ebenso zauberhaften Ruhepol mitten im geschäftigen Benediktbeurer Kloster eröffnet der Meditationsgarten unterhalb der Basilika. Formal an das Bodenlabyrinth der Kathedrale von Chartres angelehnt, wird der Besucher über einen historischen Natursteinweg an vier Beetkreisen entlang geleitet, bis er schließlich das Zentrum in Form eines plätschernden Brunnens erreicht. Unterwegs laden Sinnsprüche – von einem jungen Franziskanerbruder auf alte Dachziegel des Klosters geschrieben und in die Erde gesteckt – zum Verweilen und Nachdenken ein. „Bäume sind Gedichte, die die Erde in den Himmel schreibt", wird Kahlil Gibran inmitten eines üppig blühenden gelb-violetten Farbspektakels zitiert. Der erste Beetkreis ist den „Kräutern für alle fünf Sinne" gewidmet, allen voran dem Muskatellersalbei mit seinem aromatischen Duft, den flaumig-weichen Blättern und pastellblauen Blüten. Im zweiten Beetkreis aus Küchenkräutern wachsen Petersilie, Liebstöckel, Knob-

lauch und Oregano. An Gewächsen aus dem mittelalterlichen Heilpflanzenverzeichnis eines Benediktbeurer Botaniker-Mönchs wie gelb blühendem Johanniskraut, beruhigendem Baldrian und entzündungshemmender Kamille kommt man im dritten Umgang vorbei. Der innerste Beetkreis beherbergt einige „Symbol-Kräuter", unter denen die Rose als Königin der Blumen und Symbol für Schönheit, Laster und die irdische Liebe eine besondere Stellung innehat. Mit ihren stacheligen Blättern vermittelt die Mariendistel eine Ahnung von Leiden und Schmerz, während die Alchemisten im Mittelalter versuchten, aus dem silbrigen Tropfensekret des Frauenmantels den Grundstoff für den „Stein der Weisen" zu gewinnen. Erwiesen ist immerhin, dass der Pflanzensaft kleine Fältchen glättet. Grund genug also, nicht vor dem letzten Umgang aufzugeben.

Erzabtei St. Martin zu Beuron

Erzabtei St. Martin zu Beuron
Abteistraße 2
88631 Beuron
Tel.: 07466/17-175
Fax: 07466/17-107
www.erzabtei-beuron.de

Bereits im Jahr 777 wurde das Kloster Beuron von Graf Gerold von Bussen gegründet, etwa 300 Jahre später wurde die Abtei vom Papst als eines der ersten Chorherrenstifte anerkannt. Gelegen ist das Kloster wunderschön im Zentrum des Naturparks Obere Donau in einem von schroffen Felsen umrahmten Talkessel. In der Marienkirche finden sich zahlreiche Mosaiken und Wandbemalungen der im 19. Jahrhundert entstandenen „Beuroner Kunstschule". Hervorzuheben sind die Heil- und Kräutergärten des Klosters, die Fossiliensammlung und die Schnapsbrennerei. Besucher können an Kursen (beispielsweise zur europäischen Baukunst) und Exerzitien teilnehmen oder sich die Spezialität des Hauses, den Kloster-Mostbraten, schmecken lassen. Der Klosterladen präsentiert mit theologischen Büchern, Souvenirs und verschiedenen hauseigenen Produkten ein vielfältiges Programm.

Eingekreist von den steilen Felsen der Schwäbischen Alb, inmitten hoher Buchenwälder im Durchbruchstal der jungen Donau, die hier eine Ehrenrunde um den Ort Beuron dreht, liegt eines der ältesten Augustinerchorherrenklöster Deutschlands. In unmittelbarer Umgebung stehen Ritterburgen und Schlossruinen, oberhalb des „Tals der Mönche" sind im Kalkstein noch steinzeitliche Jägerhaushöhlen zu bestaunen. Kein Wunder, dass sich um dieses weltabgewandte Fleckchen Erde so viele Sagen ranken wie Dornensträucher um Dornröschens Schloss. Allen voran etwa die Gründungslegende, der zufolge der Edelfreie Peregrin („Der Pilger") von Hoßkirch im Jahr 1080 auf der Jagd nach einem Hirschen hierher geführt wurde. Das

lodernde Hirschgeweih wies ihm den Weg zu einer Marienerscheinung, die ihn mit der Klostergründung beauftragte. Im Hauptfresko der Klosterkirche ist diese Fabel ins Bild gesetzt. Ebenfalls aufgenommen wird die allgegenwärtige Mariensymbolik vom Marien-

Etliche Fenster der Beuroner Klostergebäude sowie der Kirche erlauben einen Blick in den Garten, das Sinnbild der Schöpfung und des Paradieses. So können die Mönche auch innerhalb der Klausur daran teilhaben.

altar, ein Werk der von Desiderius Lenz (1832–1929) gegründeten, antinaturalistischen „Beuroner Kunstschule". Ausdruck findet diese unkonventionelle Kunstrichtung – eine Art orthodoxer Jugendstil – seit der Mitte des 19. Jahrhunderts auch in der Gnadenkapelle an

In der weitgehend barocken Klosterkirche zeugen nur Hauptaltar und Querschiff von der berühmten „Beuroner Kunstschule". Um eine neue religiöse Ästhetik bemüht, ließ sie sich von der altchristlichen und byzantinischen Kunst inspirieren.

der Kirchennordseite sowie in der kubischen Geometrie der St. Mauruskapelle am Berghang.

Pioniere sind die Beuroner Chorherren zudem auf dem Gebiet der Palimpsest-Forschung: unter Zuhilfenahme verborgener Schichten mehrfach beschriebener Pergamentblätter beleuchten sie verzwickte Fragen der Bibelexegese neu. Forschungsgrundlage ist hierbei der Zettelkasten eines Münchner Pfarrers mit einer Million altlateinischer Bibelzitate aus dem 3. bis 9. Jahrhundert. In der ehemaligen Bibliothek illustriert eine Fossiliensammlung die Vorgeschichte der Beuroner Landschaft, während man sich in Schaukästen über den Unterschied zwischen Leder-, Papyrus- und Pergamenthandschriften kundig machen kann. Dass die Erzabtei

von jeher ein Ort geistiger Regheit war, belegt unter anderem die erlauchte Gästeliste: Intellektuelle wie Edith Stein, Romano Guardini, Max Scheler und Martin Heidegger waren regelmäßig zu Besuch, die Künstlertage des Malermönchs Willibrord Verkade (1868–1946), der an der Beuroner Kunstschule mitwirkte, machten Beuron zum Schauplatz der Gegenwartskultur.

Alle heutigen Konventsgebäude entstanden um 1700, als Abt Georg Kunz den überragenden Barockbaumeister Franz Beer mit dem Umbau betraute. Die Zellen der Chorherren liegen an Gängen mit tiefen Fensternischen, die sich zum Kreuzgarten hin öffnen – hufeisenförmig umschlossen von Kirche und den beiden Klostertrakten. Bibliothek und Südwestflügel umgrenzen den bezaubernden Mariengarten, in dessen Mitte ein verspielter Springbrunnen mit drei Etagen leise plätschert. Er ist umzäunt von einer moosbewachsenen Säulenmauer und von Formbäumchen in Dreiecks-Silhouette flankiert, die den Beginn des rautenförmigen Wegenetzwerks zwischen den Zierrasenflächen markieren.

Da sowohl Marien- als auch Kreuzgarten zum Schutz der kontemplativen Stille hauptsächlich nur von den Mönchen genutzt werden, steht Besuchern ein erbaulicher Gastgarten zur Verfügung, in dem man sich treiben lassen und in aller Ruhe seine Gedanken ordnen kann. Berühmt ist Beuron auch für die Produkte seines Nutzgartens. Im ausgedehnten Klostergarten widmet sich der Gärtnermeister, Bruder Felix Weckenmann, mit Hingabe dem Gemüse-, Kräuter- und Heilpflanzenanbau. Aus dem hochwertigen und von Hand geernteten „Rohmaterial" entstehen in traditionellen Verfahren wohltuende Salben, erlesene Kräuterweine und -essige sowie erfrischende Teemischungen aus Melisse, Steinlindenblüten, Ysop und Taubnessel nach alten Hausrezepten. Weit über die Abteigrenzen hinaus sind die exquisiten Obstbrände aus Beuron bekannt, etwa der Apfelbrand aus dem Eichenfass und der Kornelkirschengeist. Sie sind so legendär, wie man es von diesem Ort erwartet.

Die Erzabtei Beuron liegt wunderschön im Naturpark Obere Donau. Je nach Jahreszeit kann man per Fahrrad, Boot oder Langlaufski die wildromantische Umgebung mit ihren Schlössern, Höhlen und Burgruinen erkunden. Auf den Hochflächen bieten Wacholderheiden oder Holzwiesen Wanderern botanische Kostbarkeiten. Eine Holzwiese ist eine historische Nutzungsform. Ursprünglich ließ man das Vieh der Dörfer in den Wald. Dort suchten die Tiere ihr Futter selbst. Dabei mussten natürlich auch die jungen Bäume dran glauben. Es kam kein junger Wald mehr nach. Der Waldbestand lichtete sich nach und nach auf, wenn alte Bäume abstarben oder genutzt wurden. Auf den offenen Stellen wuchsen Gräser und Kräuter, die sich immer weiter ausbreiteten. Aus dem einstmals geschlossenen Wald wurde langsam eine parkartige Landschaft mit einzelnen übriggebliebenen Bäumen und Waldbereichen. Als man im 18. Jahrhundert auf Stallhaltung umstellte und begann die ehemaligen Waldweiden zu mähen, wurden weitere Bäume gefällt, um mehr Sonne zum Trocknen des Heus auf die Fläche zu lassen. Aus den Waldweiden wurden somit Holzwiesen.

Kloster Dalheim

Kloster Dalheim
Westfälisches Museum für
Klosterkultur
Am Kloster 9
33165 Lichtenau
Tel.: 05292/93190
Fax: 05292/9319119
kloster-dalheim@lwl.org
www.kloster-dalheim.de

Nach der Auflösung des Frauenklosters aus dem 12. Jahrhundert besaß Dalheim im Jahr 1452 wieder den Status eines selbstständigen Klosters. Der Ehrenhof, die großzügigen Wirtschaftsbauten und die eindrucksvolle Gartenanlage sprechen für die Blüte des Klosters zu Barockzeiten. Die gesamte Klosteranlage hat Kriege und Machtwechsel überstanden und ist heute noch fast vollständig erhalten. Die Besucher können an den regelmäßig stattfindenden sogenannten Aktionstagen zu Natur, Musik und Literatur teilnehmen oder im breiten Sortiment des Klosterladens stöbern. Seit Mai 2007 wartet das Kloster zusätzlich mit dem ersten Landesmuseum für Klosterkultur in Europa auf.

Knorrige Eichen werfen ihre unregelmäßigen Schatten auf den Kamp vor der wuchtigen moosbewachsenen Klostermauer, dahinter ragt erhaben die spätgotische Stiftskirche empor. Wer sich dem Kloster Dalheim an den südlichen Ausläufern des Teutoburger Waldes nähert, fühlt sich in eine andere Welt versetzt. Er spürt schon von außen die harmonische Ruhe, die von der beeindruckenden Klosteranlage ausgeht. Der entlegene Ort, versteckt im Tal des Piepenbachs, bietet dem Besucher ein Idyll. Den Nonnen, die sich hier um 1200 niederließen, ermöglichte die Isolation zwar kontemplative Sammlung, sie brachte ihnen jedoch auch ein beschwerliches Leben mit vielen Raubüberfällen und Brandschatzungen ein. Schließlich waren sie zum Weggang gezwungen. Augustiner-Chorherren aus Böddeken gründeten das verfallene Kloster zu Beginn des 15. Jahrhunderts neu. Aus den Wirren des Dreißigjährigen Kriegs (1618-1648) resultierte um 1700 eine gravierende bauliche Veränderung, die die barocke Gestalt des Klosters noch immer prägt. Mehr als zwanzig massive Gebäude von ausgreifenden Dimensionen wurden errichtet und sind bis heute erhalten. Ausgestattet mit einer Gartenanlage im französischen Stil wurde Dalheim zu einem der schönsten Klöster in Westfalen.

Einen Eindruck von der Blütezeit der Gärten im Barock vermittelt ein 1740 – zur Zeit der Chorherren – angefertigtes Ölgemälde, das den Idealzustand des damaligen Gesamtarrangements zeigt. In Anlehnung an dieses Bild werden die Gärten derzeit neu gestaltet.
Im Herzen der Anlage erstreckten sich der längliche Prälaturgarten und der herrliche Konventsgarten auf der Südseite des Klosters. Dieser wies mehrere, über Treppen und Rampen miteinander vernetzte Terrassen auf. Ein Blickfang waren zwei Springbrunnen, deren Fundamente bei Ausgrabungen freigelegt werden konnten. Kurze Buchshecken säumten die Beete längs des Mittelweges, kugelige Formbäumchen markierten die Abschlüsse, während kälteempfindliche Bodengewächse den Winter geschützt in der bis heute auf der Nordseite des Gartens befindlichen Orange-

Alle wichtigen Elemente der klösterlichen Anlage haben hier in Dalheim Kriege, Plünderungen und die Säkularisation überdauert. Die herrlichen Gärten des Klosters sind an das „European Garden Heritage Netzwerk" angeschlossen.

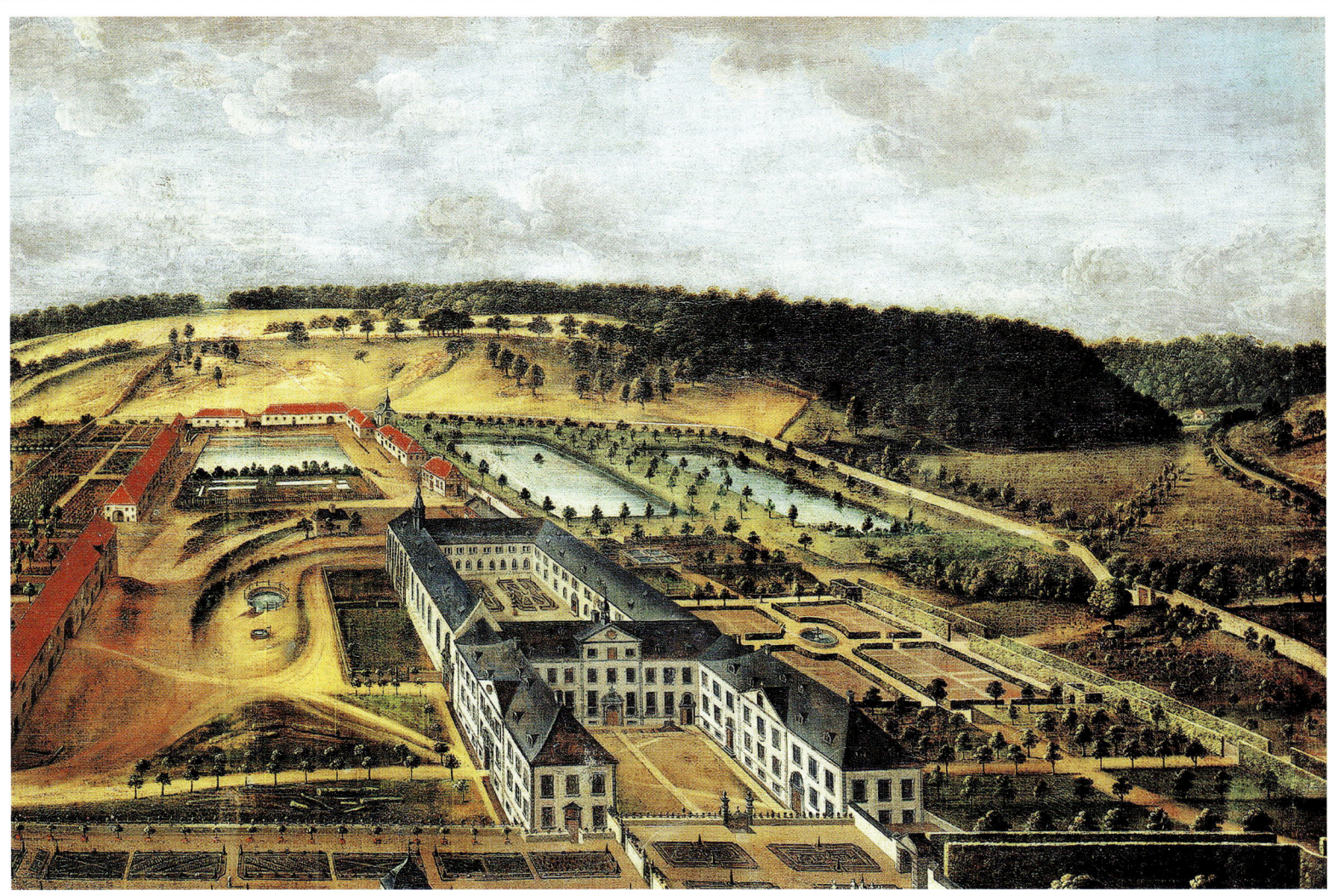

rie verbrachten. Von hier aus bietet sich dem Besucher ein großartiger Blick auf den Paschenberg und das Piepenbachtal. Der Heilkräutergarten im Osten der Anlage, geschützt durch einen schönen Holzzaun mit elegant geschwungenen Abschlüssen, gilt als Zeitzeuge des Kenntnisstandes der Klostermedizin im Barock. Name und Einsatzgebiet jedes Pflänzchens sind auf Hinweisschildern nachzulesen. Der Meiereigarten hinter den nördlichen Wirtschaftsgebäuden diente früher der Versorgung mit Obst und Gemüse, hier standen dicht gedrängt die Apfel-, Birnen- und Pflaumenbäume.

In Dalheim gibt es sogar Gärten zu entdecken, wenn man den Blick nach oben richtet: Himmel und Erde verbinden sich in den Gewölben von Kirche und Kreuzgang, die vor über 500 Jahren mit symbolträchtigen prächtigen Pflanzenmotiven ausgemalt wurden.

Seit Mai 2007 gibt es in Dalheim das erste Landesmuseum für Klosterkultur in Europa. Da Klöster die kulturelle, wirtschaftliche und baugeschichtliche Entwicklung dieses Kontinents über 1200 Jahre entscheidend geprägt haben, will das Landesmuseum Wurzeln und Entwicklung klösterlichen Wirkens umfassend erforschen und anschaulich präsentieren. Die Sonderausstellung „Schau an der schönen Gärten Zier" führte 2006 beispielsweise durch unterschiedliche Arten klösterlicher Gärten. Über die Region hinaus bekannt ist der „Dalheimer Sommer", der mit seinen Theater- und Musikprogrammen im feierlichen Rahmen viele Besucher anzieht. Im Klosterladen findet sich ein breites Sortiment ausgewählter Artikel mit klösterlichem Bezug sowie Produkte aus Klosterwerkstätten in ganz Europa. Verköstigt werden Gäste im Café-Restaurant im ehemaligen barocken Gästeflügel.

Einen Überblick der Gartenanlagen zur Zeit des Barock gibt ein Ölgemälde von 1740. Zusammen mit archäologischen Ausgrabungen bietet es die Grundlage für die Wiedererschließung des heute fast zehntausend Quadratmeter umfassenden Gartenareals nach historischem Vorbild.

Zisterzienserinnenkloster St. Marien zu Helfta

Zisterzienserinnenkloster St. Marien
zu Helfta
Lindenstraße 36
06295 Eisleben
Tel.: 03475/711500
Fax: 03475/711555
pforte@kloster-helfta.de
www.kloster-helfta.de

Die Geschichte des im Jahr 1229 in Mansfeld gegründeten und 1258 nach Eisleben verlegten Klosters ist vor allem durch die drei Mystikerinnen Mechtild von Magdeburg, Mechtild von Hakeborn und Gertrud die Große geprägt, in ihrem Sinne bietet die Zisterzienserinnengemeinschaft Kurse zur Frauenbildung, zur Frauenspiritualität, zu Ethik und Mystik an. Einen Besuch lohnt darüber hinaus das sogenannte „Lebendige Labyrinth der Katholischen Frauengemeinschaft Deutschlands (kfd) in Helfta", bestehend aus Heil- und Heckenpflanzen und künstlerisch gestalteten, laubenähnlichen „Leibräumen" (ein stabiles Gerüst aus Ästen, um das frische Zweige gewunden sind), das von der Künstlerin Birgit Cauer entworfen wurde. Altengerecht angelegte Apartments bieten trotz der idyllischen Lage alles Wünschenswerte in unmittelbarer Nähe, beispielsweise Konzertsaal und Klosterladen.

Das verschlungene Wegesystem des Labyrinths gibt ein lösbares Rätsel auf. Seit der Antike steht es für die Wendungen des Lebenswegs und die Suche nach Erkenntnis. Beim Hindurchgehen oder -tanzen kartografiert sich die Seele, durchläuft Aufbruch, Umkehr und Heimweg. In der Gotik, der Zeit der Mystikerinnen von Helfta, erreicht die Labyrinth-Kunst ein Höchstmaß an Formvollendung.

Ästhetik, Kunst, Religiosität und die mittelalterliche Heilkräuter-Tradition der Nonnen verflechten sich auch heute im Garten des sachsen-anhaltinischen Klosters Helfta, wo ein „Lebendiges Labyrinth" aus heimischen Heilpflanzen und Weidenruten heranwächst. Großes Engagement und zahllose helfende Hände haben diesen kreativen, empfindsamen und sinnlichen Ort hervorgebracht, dessen sieben Umgänge Gelegenheit bieten zum Nachdenken und zur inneren Einkehr, aber auch zur Begegnung mit den Schriften der Mystikerinnen von Helfta. Sowohl das Werk als auch die Persönlichkeit der Mechtild von Magdeburg (1207–1282), Mechtild von Hakeborn (1231–1291) und Gertrud der Großen von Helfta (1256–1302) sind bis heute präsent. Ihnen verdankte das Zisterzienserinnenkloster St. Marien im 13. Jahrhundert seinen Ruf als „Krone der deutschen Frauenklöster", weithin berühmt durch die hohe wissenschaftliche Bildung der Ordensfrauen und deren Christusmystik.

Mit schöpferischem Feingefühl hat sich die Berliner Künstlerin Birgit Cauer an die Aufgabe herangetastet, eine „zeitgenössische, von weiblicher Intuition geprägte, künstlerische Form des Labyrinths" zu entwerfen. Realisiert wurde schließlich eine Herzform mit dem Kreuz im Mittelpunkt. Dabei ist berücksichtigt, wie wichtig die Existenz eines Zentrums, einer strukturierenden, Sinn ausstrahlenden Mitte für das Seelenheil ist – im Gegensatz etwa zum chaotischen Irrgarten, in dem man sich verlieren kann. Auf dem Weg in die Mitte begleiten einen zartrosa Malven und Strauchrosen, duftende Lavendel- und Rosmarinbüsche, Sommerflieder, Katzenminze und Frauenmantel. Einige dieser Pflanzen besitzen medizinische Wirkstoffe und huldigen so der Forderung Mechtilds von Magdeburg, „man soll mit den Heilkräutern die Kranken laben, die Gesunden stärken, die Toten erwecken und die Guten heiligen". Hie und da unterbrechen große Figuren die Bepflanzung, sogenannte „Leibräume", für die frische Weiden-,

Das „Lebendige Labyrinth" aus Heilpflanzen und Weidenruten, ein Projekt der Katholischen Frauengemeinschaft Deutschlands, wurzelt in der Helftaer Tradition weiblicher Mystik.

Nicht immer ist es der direkte, geradlinige Weg, der zum Ziel führt, bedeuten uns die verschlungenen Umgänge des Labyrinths (oben). Ihr bedächtiges Begehen kommt einer Meditation gleich; das Kunstwerk verschmilzt mit dem „Betrachter".

Im Gertrudstift des Klosters finden Senioren eine ruhige und hübsch gelegene Unterkunft. Von allen Apartments hat man einen schönen Blick auf den Gertrudteich mit einer Statue der Mystikerin im Zentrum.

Haselnuss- und Hartriegelzweige um ein stabiles Gerüst aus Ästen gewunden wurden. Im Boden verwurzelt und somit genährt, wachsen die Figuren beständig weiter und bilden neue Triebe aus, die der Sonne entgegen streben. Diese dürfen Besucher und Schwestern gerne eigenhändig in die bestehende Form hinein flechten und sich so aktiv in das organische, lebendige Labyrinth einbringen. Beim nächsten Besuch sieht es vielleicht schon ganz anders aus. Je näher man dem Ziel kommt, desto größer wachsen die Pflanzen – am Ende beinahe mannshoch – und bereiten atmosphärisch auf den geschützten, abgeschirmten innersten Raum vor, den man bald erreichen wird. Auf der Bank im Pflanzenpavillon, der den Schoß Gottes symbolisiert, kehrt Ruhe ein. Der Suchende ist am Mittelpunkt angelangt und kann der Kraft dieses Ortes nachspüren, bevor er sich auf den Rückweg macht.

Auch nach Verlassen des Labyrinths wird man weiterhin von den drei Mystikerinnen begleitet, die als Statue in einem Boot über den romantischen Klosterteich zu schweben scheinen.

Daneben befindet sich das Bildungs- und Exerzitienhaus des Klosters Helfta, in dem nach 450 Jahren nun wieder eine kleine Zisterzienserinnengemeinschaft lebt. Ab 1998 übernahm das Bistum Magdeburg den Wiederaufbau des berühmten Klosters bei Eisleben in Sachsen-Anhalt. Am Eingang des 15 Hektar großen Klosterareals liegt das „Hotel an der Klosterpforte". Von hier aus kann man zunächst das historische Zentrum des über 1000 Jahre alten Eisleben erkunden und sich nach getaner „Arbeit" am Teichufer, in den Gärten oder unter einem Obstbaum ins Gras legen und den Wolken hinterherschauen, die der frische Wind hier besonders schnell vorantreibt. Verlockend ist natürlich auch ein kühles Glas „Kloster Helfta Bräu" in der Klosterschänke.

Evangelisches Augustinerkloster zu Erfurt

Evangelisches Augustinerkloster zu
Erfurt
Augustinerstraße 10
99084 Erfurt
Tel.: 0361/576600
Fax: 0361/5766099
info@augustinerkloster.de
www.augustinerkloster.de

Das Kloster Erfurt ist natürlich durch Martin Luther geprägt. Er fand hier seine geistige Heimat, von 1501 bis 1505 studierte er an der damals schon renommierten Universität, um nach einem Gelübde ab 1505 bis 1511 als Mönch im Kloster zu leben. Von dieser Zeit zeugen noch immer die eindrucksvolle Bibliothek des Klosters mit ihren Reformationsschriften und Lutherausgaben sowie die fortdauernde Martin-Luther-Ausstellung. Prachtvoll ist zudem die gesamte Anlage des Klosters, vor allem der Kreuzhof und der wunderbar erhaltene Renaissancehof. Besucher können das Kloster, das heute ein evangelisches Konvent ist, als Tagungsstätte nutzen oder den Konzert- und Theaterdarbietungen lauschen. Ein Klosterladen und Café laden zum Verweilen ein.

Spaziert man an einem warmen Sommerabend durch die historische Erfurter Altstadt, vorbei am Fischmarkt, über die alte Krämerbrücke, lohnt es sich am romantisch beleuchteten Augustinerkloster innezuhalten und die Ohren zu spitzen. Vielleicht dringen aus Kreuzgang oder Kirche leise Mozart- oder Brahmsmelodien hervor, die das Andreas-Kammerorchester im Rahmen der klösterlichen Nachtkonzerte in die Stille zaubert. Die Kirchenmusik blickt hier auf eine lange Tradition zurück, ebenso wie die Gemäuer des evangelischen Konvents. Doch am stärksten geprägt wurde der Ort durch seinen weltberühmten „Sohn", den Reformator Martin Luther (1483-1546), der an der altehrwürdigen Erfurter Universität die „Sieben freien Künste" sowie Jura und Theologie studierte. Von 1505 bis 1511 lebte er als Mönch bei den Augustiner-Eremiten, die seit jeher als besonders intellektuell und asketisch ausgerichtet gelten.

Vor knapp 750 Jahren ließen sich die Augustiner-Eremiten in der schon damals blühenden thüringischen Metropole nieder. Die Mönche bezogen das aus dem 12. Jahrhundert stammende Hospizhaus an der Comthurgasse, ihre Kirche wurde die 1131 erbaute St. Phillipi und Jacobi, deren Farbglasfenster mit der Lutherrose zu den ältesten in Erfurt zählen. Typisch für den Bettelorden war der trommelartige Turm ohne Spitze, ein Symbol des Verzichts. Nach der Außenkanzel zu urteilen, predigten die Mönche bei gro-

ßem Andrang und gutem Wetter auch im Freien. Kreuzgang, Langhaus, Bibliotheksgebäude für die wertvolle Bücher- und Handschriftensammlung und Kirchturm waren bis 1518 fertiggestellt. Nach Luthers Rückkehr nach Wittenberg übernahm sein guter Freund Johannes Lang das Amt des Priors und ebnete den Lehren Luthers in Erfurt und Umgebung den Weg. Noch heute erinnert eine rekonstruierte Lutherzelle an seinen Aufenthalt. Im ehemaligen Schlafsaal der Mönche informiert eine Dauerausstellung über die Schaffensetappen des Reformators. Nach der Säkularisation bezog ein evangelisches Ratsgymnasium den Westflügel des Klosters und bildete, weiterhin im Sinne der Reformation, angehende Lehrer und Beamte aus. Nachdem König Friedrich Wilhelm IV. den Umbau der Augustinerkirche zum Tagungshaus für das Parlament finanziert hatte, beschloss man hier 1850 eine neue Verfassung unter Mitwirkung Otto von Bismarcks, dessen politische Karriere in dem neugotischen Gotteshaus begann.

Im Juli 1505 brach über den Jurastudenten Martin Luther unweit von Erfurt ein schweres Unwetter herein. In seiner Todesangst gelobte er Mönch zu werden, falls ihn der Blitz verschonen würde. Tatsächlich zog er zwei Wochen später ins Kloster der Augustiner-Eremiten ein und lebte dort bis 1511.

Heute bietet in den Räumen des Klosters ein kirchliches Tagungs- und Begegnungshaus ganz im Geiste Luthers ein Forum zu aktuellen gesellschaftlichen Fragen in friedlichem, auf das Wesentliche reduziertem Ambiente. Auf dem Kopfsteinpflaster des wunderschönen baumbestandenen Renaissancehofs mit seinem hölzernen Lau-

Auch der Erfurter Klostergarten behält die traditionelle Vierteilung durch ein Wegekreuz mit Mittelrondell bei. Dass Blumenrabatten von geschwungenen Buchshecken eingefasst werden, ist allerdings eine Erscheinung des 17. Jahrhunderts und durch die Adelsgärten inspiriert.

bengang von 1680 finden festliche und kulturelle Veranstaltungen statt. Die restliche Anlage spiegelt – speziell nach den umfänglichen Restaurierungsmaßnahmen in jüngster Zeit – allerorten die erhabene, in sich gekehrte Atmosphäre des 14. Jahrhunderts. Schon die unverputzte, unregelmäßige Steinmauer bereitet von außen auf die Begegnung mit einer anderen Welt vor. Wenn sich die sechs Schwestern der Kommunität Casteller Ring, die derzeit im Kloster leben, dann in ihren weißen Gewändern im gotischen Kreuzgang versammeln, bietet sich dem Betrachter ein Bild vollkommener Zeitlosigkeit. Innerhalb der Spitzbogenarkaden liegt der Kreuzhof, der dem Konvent im Mittelalter als Friedhof diente. Ein einfacher Steinbrunnen, ein Rosenstrauch, eine karge Grasfläche, mehr ist nicht nötig, um aus diesem spartanischen Claustrum den mächtigsten Ort der gesamten Anlage zu machen, dessen Kraft sich niemand entziehen kann. Spielerischer gestaltet ist hingegen der ebenfalls mittelalterliche Klostergarten: üppige gelbe Lupinen, zartrosa Pfingstrosen, violetter Lavendel und duftige Gräser heben sich

farbenfroh gegen das alte Steingemäuer ab, an dem Efeu wie ein grüner Wasserfall herabstürzt. Im Herbst entzünden die feuerroten gezackten Blätter des wilden Weins, der an der Klostermauer emporklettert, ein Farbfeuerwerk, das man von einer der zahlreichen Steinbänke aus genießen kann. Auch duftende Kräuter haben, ganz traditionell, ihren Platz in dieser romantischen Anlage, die mit ihren spitzbogigen Fenstern Besucher ins mittelalterliche England versetzt. Gut, dass einen die Augustiner-Kantorei jederzeit mit einer Bachkantate wieder in die thüringische Wirklichkeit zurückholen kann.

Benediktinerinnenabtei Frauenwörth

Benediktinerinnenabtei Frauenwörth
83256 Frauenchiemsee
Tel.: 08054/9070
Fax: 08054/7967
frauenwoerth@t-online.de
www.frauenwoerth.de

Das Kloster Frauenwörth festigt seine Abgeschiedenheit nicht nur durch die Klausur, sondern auch durch seine Lage: Die Abtei liegt auf einer der drei Inseln im Chiemsee und ist nur per Schiff zu erreichen. Es gibt dort keine Autos, und die auf der Insel verstreuten Häuser wirken wie aus dem Bilderbuch. Im Jahr 772 vom Bayernherzog Tassilo III. gegründet, erlebte das Kloster vom 11. bis ins 15. Jahrhundert eine andauernde Blütezeit. Der achteckige Zwiebelturm aus dem 18. Jahrhundert ist zum Wahrzeichen der Insel geworden. Einladend sind die Blumen- und Obstbaumgärten des Klosters, aus den heilenden Pflanzen des Kräutergartens werden wertvolle Destillate gewonnen. Besucher können an verschiedenen Kursen partizipieren (unter anderem für Ayurveda) oder im Klosterladen Souvenirs erstehen. Regelmäßig finden in der Klosterkirche auch Konzerte statt, die Rückfahrt danach bei Dunkelheit gerät besonders stimmungsvoll.

Zehn Minuten nur dauert die Überfahrt zur Fraueninsel mit dem Schaufelraddampfer von Gstadt aus, ab Prien etwa eine halbe Stunde. Diese Fahrt ist unbedingt vorzuziehen, denn gemächlich vor der Kulisse des bayerischen Voralpenlands über den Chiemsee zu schippern ist unschlagbar schön und kann gar nicht lang genug dauern. Außerdem legt das Schiff auf dieser Route unterwegs am sagenhaften Schloss Herrenchiemsee an, dem „Versailles" vom berühmten Bayernkönig Ludwig II., wo sich ein Zwischenstopp lohnt. Am Ziel angekommen, schlendert man gemütlich in zwanzig Minuten über die zwölf Hektar große autofreie Insel, deren Fläche zu einem Drittel von der Benediktinerinnenabtei Frauenwörth eingenommen wird.

Die „gute Seele der Insel", wie man das Kloster hier liebevoll nennt, wurde um 772 durch den Agilolfingerherzog Tassilo III. von Bayern gegründet. Damit gilt es als eines der ältesten Frauenklöster im deutschsprachigen Raum. Als erste bezeugte Äbtissin stand ihm eine Urenkelin Karls des Großen, die selige Irmengard, vor. Aus ihrer Zeit sind noch der Grundriss und das Portal des romanischen Münsters mit bronzenem stilisiertem Löwenkopf-Türzieher sowie die karolingische Torhalle aus grobem, grauem Stein erhalten. Vermutlich veranlasste der ostfränkische König Ludwig der Deutsche den Bau dieses repräsentativen Klostertors. Um sich während der Ungarnstürme verteidigen

und in Sicherheit bringen zu können, entstand um 1000 der isoliert stehende Münsterturm als achteckiger Campanile nördlich der Kirche. Zum Wahrzeichen der Insel wurde er vornehmlich aufgrund seiner charakteristischen Zwiebelhaube, die er erst 1627 erhielt.

Zu Weihnachten desselben Jahres ließ die damalige Äbtissin zum ersten Mal die berühmte Barockkrippe von Frauenwörth, eine der ältesten Krippen im süddeutschen Raum, im Münster aufstellen. Die einzigartigen Schnitzfiguren messen bis zu 80 Zentimeter, sind mit prächtigen Gewändern aus Klosterarbeit bekleidet und erfreuen bis heute jährlich in der Adventszeit Groß und Klein. Da der Konvent während des Dreißigjährigen Kriegs (1618–1648) dank seines Burggrabens weitgehend verschont blieb, konnten vom Glück weniger Begünstigte hier Zuflucht finden. Bis zur Säkularisation im Jahr 1803 behielt die Abtei die Bezeichnung Königliches Stift und war ausschließlich adligen Töchtern vorbehalten. Auch nach der Klosterauflösung räum-

Besucher, die mit dem Boot auf die Fraueninsel übergesetzt sind, werden im Sommer vom farbenprächtigen Blumengarten der Benediktinerinnenabtei willkommen geheißen.

Das Marienmünster von Frauenwörth ist in der Substanz eine romanische dreischiffige Basilika mit Netzrippengewölbe. Ihr Chorumgang, die bogenförmige Weiterführung der Seitenschiffe um den Chor herum, ist der älteste Süddeutschlands. Chorumgänge übernehmen zuweilen liturgische Funktionen, beispielsweise als Prozessionsgang. Oberhalb des eingezogenen Gewölbes und im Chorumgang wurden erst im 20. Jahrhundert Fresken freigelegt, die zu den frühesten Zeugnissen romanischer Monumentalmalerei in Europa zählen. Die selige Irmengard, gestorben 866, war die erste bezeugte Äbtissin des Klosters. Ihr Altarbild wird seit ihrer Seligsprechung im Jahr 1928 jedes Jahr im Juli zum Irmgardenfest aufgehängt.

Mitten im „Bayerischen Meer" liegt die Fraueninsel vor einer prächtigen Alpenkulisse. In nur zwanzig Minuten lässt sie sich auf dem Uferweg, von dem aus man einen grandiosen Panoramablick hat, mühelos umrunden. Mitte des 19. Jahrhunderts gründete ein buntes Künstlervölkchen die „Malerkolonie Frauenwörth", berühmt für ihre impressionistischen Licht- und Luftperspektiven. Die Nachbarinsel mit ihrem märchenhaften Schloss Herrenchiemsee, das König Ludwig II. nach den Plänen von Versailles erbauen ließ, liegt nur eine kurze Schiffsreise Richtung Osten entfernt.

Das erhabene Portal ist wohl derjenige Teil des Frauenwörther Münsters, der am eindrucksvollsten das hohe Alter des Bauwerks bekundet. Seine trutzige, mit Eisenplatten beschlagene Tür entstammt der Spätgotik, während das halbkreisförmige Bogenfeld über dem Portal, Tympanon genannt, bereits zur Karolingerzeit entstand. Das Relief weist Einflüsse byzantinischer Kunst auf, die sich vornehmlich durch eine hängende, nach unten strebende Architektur auszeichnete. Im Inneren des Münsters wird der Zinnsarg der ersten Äbtissin von Frauenwörth aufbewahrt. Die im Jahr 866 gestorbene Irmengard war eine Tochter König Ludwigs des Deutschen.

te man den Ordensfrauen das Recht ein, dort wohnen zu bleiben, doch nur eine Handvoll von ihnen waren noch übrig, als König Ludwig I. von Bayern die Abtei 1838 wieder einsetzte.

Der Abteichronik kann man entnehmen, dass die Inselnonnen schon im 13. Jahrhundert einen gut sortierten Kräutergarten pflegten, dessen Bestände sie fachkundig zu heilsamen Tinkturen und Essenzen verarbeiteten. So erfolgreich waren sie mit ihrer Klosterfrauenmedizin, dass sich die Kunde bis an den Hof des Bayernherzogs herumsprach und dieser 1470 um Zusendung eines Mittelchens aus Frauenwörth ersuchte. Neben der Kräuterdestillation entwickelten sich zunehmend auch Bierbrauerei und Schnapsbrennerei zu einer Haupterwerbsquelle des Klosters, die zahlreiche Arbeitsplätze schuf. Braumeisterinnen und Kräuterbrennerinnen

sorgen damals wie heute für die wohltuenden Kräuterliköre nach geheimen alten Klosterrezepturen. Dazu füllen sie hochwertige Kräutermischungen in Säcke und legen sie einige Wochen in ein Alkohol-Wassergemisch, fügen später Zucker hinzu und lassen den Likör in Ruhe ausreifen. Vordem wurden Kräuter aus dem Klosteranger – der sogenannten Krautinsel im Chiemsee, auf der die Nonnen im Mittelalter Gemüse und Kräuter anbauten – für die verschiedenen Heilwässerchen verwendet. Den verschwenderisch blühenden Klostergarten, der heute Inselgäste in seiner farbigen Pracht anzieht, legten die Schwestern erst Mitte der 1980er Jahre an. Kürzlich ergänzte man ihn in der Nähe des Uferwegs um einen klassischen Kräutergarten nach Hildegard von Bingen. Ein impressionistisches Gemälde aus Lavendelstöcken, Rosenbüschen und Buchshecken wie im Renaissance-Lustgärtchen erhebt sich vor den Augen des Betrachters, hier und da ein Apfelbaum, eine Entenmutter führt ihre schnatternden Kleinen vorbei und im Bienenhaus herrscht summende Geschäftigkeit. Ob diese

Bilderbuchidylle zusammen mit den weißen Segelschiffen, dem Alpenpanorama und der heiteren Atmosphäre wohl die junge Maler- und Dichtergilde im 19. Jahrhundert dazu inspirierte, auf der Insel eine Künstlerkolonie zu gründen? Pittoresk genug ist Frauenwörth im „Bayerischen Meer" allemal.

Kaiser Karl der Große war bestrebt, das Römische Reich unter fränkischer Herrschaft zu erneuern. Auf dem Gebiet der Kunst übernahm der „Style Charlemagne" als Gegenpol zur Byzantinik Elemente des antiken Kulturerbes, etwa den spätantiken Steinbau, bezog jedoch germanische Formvorstellungen ein. Die karolingische Renaissance entfaltete sich am nachhaltigsten in der Bildenden Kunst mit Goldschmiedearbeiten, Bronzegüssen wie hier ein Ausschnitt des stilisierten Löwenkopf-Türziehers des Kirchenportals und Elfenbeinschnitzereien sowie in der Buch- und Freskenmalerei.

Kloster St. Lioba in Freiburg

Kloster St. Lioba in Freiburg
Riedbergstraße 1
79100 Freiburg
Tel.: 0761/29294-0
Fax: 0761/29294-39
weggemeinschaft@kloster-st-lioba.de
www.kloster-st-lioba.de

Die Klosteranlage St. Lioba wurde im Jahr 1927 als neue Form benediktinischen Lebens errichtet. Heute gehören zu dieser Gemeinschaft nicht nur die bei Sigmaringen gelegene Heimschule „Kloster-Wald" und die Liobakirche auf dem Petersberg bei Fulda, sondern auch eigenständige Priorate in Bophal/Indien und Kopenhagen/Dänemark. Hervorzuheben ist der Kräutergarten im Kloster St. Lioba, in dem nicht nur Küchenkräuter und Heilpflanzen, sondern auch Duftkräuter, „biblische" sowie mystische und symbolische Pflanzen kultiviert werden. Den Besuchern stehen Exerzitien und Einkehrtage sowie das Edith-Stein-Gedächtniszimmer offen. Der Klosterladen bietet ein vielseitiges Sortiment aus Geschenkartikeln, Büchern und Gartenprodukten.

Fast könnte man meinen, man sei in der Toskana. Zwischen hohen Zypressen blitzt auf der Anhöhe eine gedrungene Villa im italienischen Stil hervor, in einen warmen Ockerton gehüllt, sodass hier auch bei verhangenem Himmel die Sonne scheint. Außen herum zieht sich eine uralte, ziegelgedeckte Mauer mit geschwungenem Abschluss, der immer wieder von kleinen Türmchen überragt wird. Vorbei an einer Palme auf dem Vorplatz gelangt man über eine herrschaftliche Treppe ins Haus. Doch führt sie nicht in einen florentinischen Palazzo, sondern zur Pforte eines benediktinischen Klosters am Rande des Schwarzwalds. Hier, im südlichen Freiburg, lebt die Gemeinschaft der Schwestern von der heiligen Lioba. Als „Lehrerin Germaniens" bezeichnen Geschichtsbücher die aus England stammende heilige Lioba (um 710–782), eine Verwandte des heiligen Bonifatius. Die tatkräftige Ordenspatronin hat sich besonders um die Ausbildung von Frauen verdient gemacht – und führt nicht umsonst den Vorsitz einer ungemein engagierten Gruppe von Ordensschwestern, die zu einer ganzen Reihe von starken Frauen in Verbindung standen und stehen. Eben solche gründeten 1927, in der Zeit der Neuordnungen nach dem Ersten Weltkrieg, eine eigene Form monastischen Lebens, die aus dem Geist kontemplativen Betens heraus sozial und karitativ wirkt. Unter anderem diese menschenfreundliche Gesinnung hat wohl auch

einen gern gesehenen Gast des Klosters angezogen: die begabte Philosophin und Husserl-Schülerin Edith Stein (1891–1942), der im ehemaligen Gästehaus St. Placidus, der jetzigen „Weggemeinschaft", ein Gedächtniszimmer eingerichtet wurde. Zwischen 1930 und 1933 verbrachte sie immer wieder Zeit hier, sei es wegen ihrer Freundschaft zu zwei Mitschwestern, sei es, um in der kleinen Dachstube ihrer wissenschaftlichen Arbeit nachzugehen. Der eskalierende Hass gegen Juden und Christen, der auch zwei weitere Schwestern ins KZ brachte, verantwortet Edith Steins gewaltsamen Tod in Auschwitz 1942. Die katholische Märtyrerin jüdischer Abstammung war acht Jahre zuvor dem Karmeliterorden beigetreten.

Am Jahresgedenktag der heiligen Hildegard – einer weiteren einflussreichen Frau – wurde im Herbst 2005 auf einem brachliegenden Blumenfeld des Klosters ein weiträumiger Heilkräuter- und Bibelgarten mit über 300 Pflanzen eingeweiht. Der Bibelgarten symbolisiert

Gesäumt von der einmalig schönen Klosteranlage, versammeln sich in den holzverkleideten Hochbeeten vielfältige Gewächse: Heilkräuter, Pflanzen aus Mystik und Magie, Küchen- und Duftkräuter sowie biblische Pflanzen.

durch seine runde Komposition die Vollendung der geschaffenen Welt. Auf einem gemauerten Hochbeet erheben sich Weinstock und Feigenbaum zum alttestamentarischen Friedensgruß „Schalom". In den Beeten ringsum wachsen Pflanzen, denen in biblischen Texten eine spezielle Bedeutung zukommt. So erinnert etwa die Linse an

Klimatisch ist Freiburg von der Natur verwöhnt: rund 1800 Stunden pro Jahr scheint hier die Sonne. Sogar manch frostempfindliches Pflänzchen gedeiht in dem milden Klima. Zum Beispiel entlang des „Friedenspfads", einem Fußweg vom Kloster zur Waldhütte. Im Arboretum unweit des Klosters ist ein 60 000 Quadratmeter großer Mammutbaumwald zu bestaunen. Die toskanische Anmutung des Klostergebäudes unterstreicht den mediterranen Charakter des Umfelds.

das „Linsengericht", für das Esau auf die Segensverheißung Gottes verzichtete. Mit seiner zwar geringen Größe und doch unbändigen Wachstumskraft bildet das Senfkorn eine Allegorie zum Reich Gottes, während der Prophet Jona wegen des verdorrten Rizinusstrauchs Gott trotzig grollt. Außerdem gibt es in der Anlage Gewächse, die in Mystik und Magie einen hohen Stellenwert haben, sowie Küchen- und Duftkräuter. Im viereckigen Heilkräutergarten gruppieren sich sternförmig 18 Hochbeete um einen Apfelbaum – das Symbol gesunder Ernährung. Initiator und Komponist dieses Gartens ist der Freiburger Apotheker Dr. Egbert Meyer-Buchtela, dem bei der Planung ein Brückenschlag zwischen Antike und Moderne, zwischen rationaler Phytotherapie und symbolischer Verwendung von Pflanzen, zwischen Mystik und Realität und letztlich auch zwischen der europäischen und fernöstlichen Kräuterheilkunde vorschwebte. So wurden sowohl heimische Heilpflanzen als auch solche der traditionel-

len chinesischen Medizin ausgewählt und mit Unterstützung der Gartenschwester Guda angepflanzt, die die Anlage nun weiterhin pflegt. Mit der Fertigstellung des Gartens wurde auch ein Klosterladen eröffnet, in dem unter anderem ein selbst entwickeltes Teesortiment nach eigenen Rezepturen der Apothekerschwester Jacoba angeboten wird. Alles in allem vereint der Schwarzwälder Konvent mit seiner mediterran anmutenden Klosteranlage, den chinesischen Heilkräutern, seinen Prioraten in Indien und Dänemark sowie den biblischen Gewächsen mehrere geographische Zonen. Natürlich auch einige Zeitalter. Und nicht zu vergessen die starken Frauen.

Benediktinerinnenabtei zur heiligen Maria

Benediktinerinnenabtei
zur heiligen Maria
Nonnengasse 16
36037 Fulda
Tel.: 0661/902450
Fax: 0661/9024545
kontakt@abtei-fulda.de
www.abtei-fulda.de

Das im Herzen der Stadt Fulda gelegene Kloster wurde bereits im Jahr 1626 gegründet, fortan bewahrten mutige Priorinnen ihre Gemeinschaft vor Kriegen, der Säkularisation und dem Terror der Gestapo. Bekannt ist das Kloster für seinen Klostergarten, in dem ökologischer Gartenbau betrieben wird. Die Künstlerin Sr. Lioba Munz schuf unter anderem den aus Emaille bestehenden Hochaltar, Seitenaltäre und Leuchter für die Abteikirche. Besucher können an verschiedenen Kursen und Führungen teilnehmen. Der Klosterladen bietet eine reiche Auswahl unter anderem an Kunsthandwerk und eigenen Produkten.

Die Stadt Fulda hat viele Attribute: Bischofssitz, Fachwerkmetropole, mitteldeutscher Verkehrsknotenpunkt, Ort der Hexenprozesse, Barockstadt und der „Garten Hessens". Letzteres bestätigt sich, wenn man den 15 grünen und blühenden Stationen des 1. Deutschen Gartenkulturpfads durch Fulda folgt: da kommen prächtige Dahlien in Hülle und Fülle hinter hohen Mauern zum Vorschein, im englischen Landschaftsgarten des Stadtschlosses plätschern Springbrunnen, während Efeu nostalgisch um Bäume öffentlich zugänglicher Privatgärten rankt. Zur „grünen Perlenkette" der Stadt gehört auch der ökologisch bewirtschaftete Klostergarten der Abtei zur heiligen Maria. Benediktinisches Leben begann in Fulda bereits 744, als der Einsiedler Sturmius im Auftrag des heiligen Bonifatius das Mönchskloster gründete. Nach der Beisetzung des Märtyrers in der Ratgarbasilika – nach dem Vorbild des römischen Petersdoms entworfen – entwickelte sich das Kloster zu einem Pilgerziel. Der größte Kirchenbau nördlich der Alpen, dessen Bausubstanz jedoch zusehends zerfiel, musste abgerissen werden. An seinem Platz im Herzen des Fuldaer Barockviertels steht heute der Dom mit der barocken Dechanei, hinter deren Mauer sich ein verträumter Rosengarten mit alten Bäumen, Buchshecken und duftenden Lavendelstauden versteckt.
Unter Abt Hrabanus Maurus (780–856) wuchs das mächtige Kloster Mitte des

9. Jahrhunderts zum intellektuellen Mittelpunkt des Reiches heran. Er katalogisierte als Vertreter der karolingischen Renaissance das wissenschaftliche Fundament seiner Zeit und verzeichnete in einer Enzyklopädie über „Die Natur der Dinge" auch wichtige botanische Erkenntnisse. Um 1300 gab Fürstabt Heinrich V. den Bau einer externen Abtsburg in Auftrag, die im 17. Jahrhundert in ein repräsentatives Renaissanceschloss mit traumhaftem Lustgarten verwandelt wurde. In der sogenannten „Fasanerie" befindet sich eine in Europa einmalige Sammlung Fuldaer Porzellans.
1631 beziehen Benediktinerinnen die nagelneuen Konventsgebäude und halten die ersten Gottesdienste in der gotischen Hallenkirche ab. Zwar trieben die Kulturkampfgesetze die Schwestern Ende des 19. Jahrhunderts für einige Zeit ins französische Exil, doch der beherzten Äbtissin Maura Lilia ist es zu verdanken, dass sich der Konvent während des Nationalsozialismus den Vertreibungsversuchen der Gestapo widersetzen konnte.

Der Brunnen in der Mitte des Kreuzganggartens erinnert an den Strom, der im biblischen Paradies entsprang und den Garten Eden bewässerte. Typisch ist auch die kreuzförmige Wegeanordnung, welche den Garten symmetrisch viertelt und die vier Arme des paradiesischen Flusses versinnbildlicht.

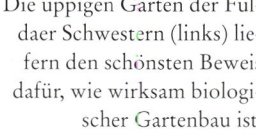

Die üppigen Gärten der Fuldaer Schwestern (links) liefern den schönsten Beweis dafür, wie wirksam biologischer Gartenbau ist.

Die Spätnachmittagssonne projiziert eine beschauliche Lichterprozession an die Wände des Kreuzgangs (rechts oben).

Erfahrungen veröffentlichen die Benediktinerinnen in einer der ältesten ökobotanischen Fachzeitschriften, den „Winken für den Biogärtner". Für spezielle Anliegen von Hobbygärtnern wurde sogar eigens ein Beratungstelefon eingerichtet. Und die Schwestern kennen sich wirklich aus – schließlich haben sie täglich mit den unterschiedlichsten Gewächsen zu tun: Gemüse, Salate, Beeren und Baumobst auf den Nutzflächen, Kräuter im historischen Walahfrid-Strabo-Garten, den Ziergarten schmücken mannshohe Sonnenblumen und alte englische Rosensorten, Kürbisse wachsen – einem Stillleben gleich – unter Dahliendächern. Damit alles so opulent gedeiht, haben die Nonnen das homöopathische Pflanzenmittel „Humofix" entwickelt, einen Exportschlager des Klosters, der einmal mehr an die interessante Verwandtschaft des Wortes „humus" (Erde) mit „humilitas" (Demut) erinnert – ein zentraler Begriff des Ordenslebens. Fulda ist ein leuchtendes Beispiel dafür, dass klösterliches Dasein ein Leben mit und nicht gegen die Natur bedeutet.

Bekannt und berühmt sind die Schwestern der Abtei zur heiligen Maria heute vor allen Dingen als Wegbereiterinnen des biologischen Gartenbaus. Unter Verzicht auf künstliche Dünger und Pflanzenschutzmittel wird der 2000 Quadratmeter große, harmonisch angelegte Garten nach alter Klostertradition bewirtschaftet. So ist die orange-blühende Kapuzinerkresse nicht nur eine Augenweide, sie schützt auch benachbarte Stauden vor Läusen. Sogar gefürchteten Gartenräubern wie Schnecken und Wühlmäusen rückt man hier auf unbedenkliche Weise zu Leibe – etwa durch Düfte und Geräusche. Ihre

Kloster Gerode

Gesundheits- und Ausbildungs-
zentrum Kloster Gerode
37345 Gerode
Tel.: 036072/8200
Fax: 036072/82024
klostergerode@wegdermitte.de
www.wegdermitte.de

Das Kloster Gerode liegt inmitten eines schönen Anwesens mit altem Baumbestand, das von wuchtigen Klostermauern aus dem 14. Jahrhundert umgeben wird. Sehenswert sind vor allem die zwei noch erhaltenen Reliefs der Schutzheiligen des Klosters aus dem 17. Jahrhundert und ein stilvoll angelegter Heilpflanzengarten. Der gemeinnützige Verein „Weg der Mitte" für ganzheitliche Gesundheit, Bildung und Soziales, der das Kloster 1994 übernommen hat, stellt das Anwesen als Seminar- und Tagungshaus zur Verfügung, für seine Intention spricht ein umfangreiches Wellness-Programm. Zeitschriften und CDs sind an der Klosterpforte erhältlich.

Am 10. Dezember 1989 wurde das Grenztor am Kreuzbusch geöffnet und für die ehemalige Benediktinerabtei Gerode im Südharz brach eine neue Ära an. 1994 übernahm der Verein „Weg der Mitte" für ganzheitliche Gesundheit das bedeutende Kulturdenkmal und renovierte es mit großer Liebe zum Detail. Heute kommen Menschen aus ganz Europa an diesen wohltuenden Ort, um sich inspirieren zu lassen, zu entspannen, Yogakurse zu besuchen oder etwas über gesunde Ernährung zu erfahren. Dass sich der „Weg der Mitte" ausgerechnet Gerode als Residenz ausgesucht hat, ist nicht verwunderlich. Vor dem weiten Horizont der gefälligen Hügellandschaft zwischen Harz und Ohmgebirge ruhen die Gebäude in einem stillen Waldwinkel. Eine zehn Meter hohe Klostermauer aus dem 14. Jahrhundert schafft einen schützenden Wall, der das kleine Paradies von der Hektik der Außenwelt abschirmt. Gelassenheit und inneren Frieden spüren die Gäste dieses zauberhaften Anwesens, wenn sie sich auf den Sonnenliegen im großen Garten ausstrecken, die Füße hochlegen und in die Kronen der ehrwürdigen alten Bäume blicken. Der Schnee verwandelt Gerode in der kalten Jahreszeit in ein verträumtes, glitzerndes Wintermärchen, im Sommer klettern an den Hauswandspalieren Rosen in rot und rosé empor. Jeden Mauerrand ziert ein buntes Blümchen, Bienen und Käfer surren geschäftig über der blühenden Obstwiese und die alte „Paradiesquel-

le" mit Teich und Bächen gluckert leise im Hintergrund – so kann man hier das ganze Jahr über bestens zu Kräften kommen.

Um die Wiederherstellung des gesundheitlichen Gleichgewichts macht sich in Gerode auch der Heilpflanzengarten verdient, romantisch angelegt nach dem Vorbild adeliger Burggärten. Um ein Brunnenrondell herum zieht sich ein klassisches, mit niedrigen Buchshecken gerahmtes Wegekreuz, wodurch das Gärtchen in vier Teile zerfällt. Lieblich duftende Rosenbögen überdachen die Pfade zu den inneren Beeten wie Gewölbe einen klösterlichen Kreuzgang, sodass man sich wie ein Burgfräulein beim Lustwandeln im Laubengang fühlen kann. Drei Beete sind den heilenden Blüten des Dr. Bach gewidmet, deren Essenzen dem Menschen helfen, sein inneres Gleichgewicht wieder herzustellen. Etwa 300 verschiedene Gewächse, von urzeitlichen Farnen über germanische Brennnesseln bis zu „modernen" Lilien, reflektieren die Geschichte der heilkundlichen Verwen-

Eine Auszeit nehmen, zur
Ruhe kommen – dafür bietet
Gerode den idealen Rahmen.
Hohe Bäume und dicke
Mauern halten Lärm und
Hektik von dem idyllischen
Anwesen fern.

bald nach der Klosteraufhebung 1802, als das Eichsfeld in preußischen Besitz überging, wegen Rissen im Gemäuer zur Ruine, den instabilen Turm trug man aus Sicherheitsgründen ab. Heute mutet das malerisch zerfallene Bauwerk mit seinem efeuberankten Portal an wie ein Gemälde Caspar David Friedrichs. Die unter Denkmalschutz stehende Klosteranlage legt ein wertvolles Zeugnis über das mönchische Leben in einer Region ab, die über Jahrhunderte aufgrund ihrer Zugehörigkeit zum Fürstbistum Mainz ein „katholischer Inselstaat" in der DDR war und bis heute nicht nur über eine inoffizielle „Nationalhymne", das Eichsfeldlied, verfügt, sondern auch eine überdurchschnittlich hohe Zahl an regelmäßigen Kirchgängern aufweist.

Als wäre das Gemälde „Maria im Paradiesgärtlein" Wirklichkeit geworden. Im Geroder Heilpflanzengarten findet der „Hortus conclusus", der verschlossene Garten, seinen romantischsten Ausdruck.

dung von Pflanzen, die bis zu den Neandertalern zurückgeht.

Ganz so alt ist der Marktflecken Gerodia noch nicht, an dem Graf Widelo um 1100 ein Kloster stiftete, das nach den Regeln des heiligen Benedikt geführt und mit beträchtlichem Grundbesitz ausgestattet wurde. 1124 gelangt es in den Besitz der Markgräfin Richardis von Stade, deren Tochter eng mit Hildegard von Bingen zusammenarbeitete. Viermal musste das Kloster nach kriegerischen Verwüstungen und Bränden wieder aufgebaut werden, zum letzten Mal geschah das 1795 im spätbarocken Stil. Die stattliche Klosterkirche wurde

Jesus-Bruderschaft Gnadenthal

Jesus-Bruderschaft Gnadenthal
65597 Hünfelden
Tel.: 06438/81-200
Fax: 06438/81-377
info@jesus-bruderschaft.de
www.jesus-bruderschaft.de

Die Jesus-Bruderschaft erwarb 1969 das Anwesen des im Jahr 1235 gegründeten Klosters und errichtete dort mehrere Gemeinschaftsräume und das Haus der Stille. Für Gruppen oder Einzelpersonen besteht hier die Möglichkeit, über einen längeren Zeitraum unter geistlicher Begleitung zu schweigen. Ansonsten steht das Kloster Gnadenthal für seine Produktivität, es betreibt eine hauseigene Käserei, eine Schreinerei, ein Ingenieurbüro sowie eine eigene Kunstgalerie. Besucher können an Erlebnisexkursionen beispielsweise zur „Lebensader Wasser" teilnehmen, die Gelegenheit zum ausgiebigen Einkauf besteht auf dem bekannten Gnadenthaler Hofmarkt. Auch die Domstadt Limburg ist nicht weit entfernt, das Naturschutzgebiet Wörsbach liegt in der Nähe, außerdem bietet der Taunus reichlich Wandermöglichkeiten an.

Gnadenthal zeichnet sich durch eine spezielle Atmosphäre der Stille und Inspiration, der Menschenfreundlichkeit und Toleranz aus. Das Örtchen Hünfelden bei Limburg liegt inmitten von Wiesen und Wäldern im Taunus. Auf dem Gelände eines beinahe 800 Jahre alten ehemaligen Zisterzienserinnenklosters hat die Kommunität der Jesus-Bruderschaft seit 1969 etwas Bemerkenswertes geleistet. Mit großem Fingerspitzengefühl und architektonischem Verständnis wurden die im Dreißigjährigen Krieg stark zerstörten historischen Gebäude behutsam saniert und mit neuem Leben und Sinn erfüllt. Dafür hat die Kommunität den Hessischen Denkmalschutzpreis verliehen bekommen.

Neben einer Fledermauskolonie im obersten Stock des historischen Äbtissinnenhauses leben hier etwa 80 Menschen – sowohl zölibatäre Brüder und Schwestern, aber auch Familien in drei Generationen – unterschiedlicher Konfessionen in einer Gemeinschaft, die in der monastischen Tradition geistlicher Orden steht. In der schlichten Barockkirche treffen sie sich mehrmals am Tag zum Gebet. Zudem ist die Jesus-Bruderschaft offen für das theologische Gedankengut interdisziplinärer Intellektueller wie Dietrich Bonhoeffer, Romano Guardini und Martin Buber, die ein anti-ideologischer, ökumenischer Ansatz verbindet.

Es weht also ein frischer Wind hier in Gnadenthal, den sich die Besucher der Kommunität in einem der vielfältigen Seminare um die Nase wehen lassen können. Etwas weniger frisch riecht es hingegen im Kuhstall, wo Kursteilnehmer selbst melken lernen oder erfahren, dass die raue Kuhzunge zum Grasrupfen dient. Wer mit bloßen Händen in die fettige Wolle eines Schafs greift, auf dem Feld einen Nachmittag lang Kartoffeln und Äpfel erntet oder am „olympischen" Schubkarrenrennen teilnimmt, spürt sein Tagewerk abends am eigenen Körper und hat – ganz nebenbei – auch noch eine Menge gelernt: was ökologische Landwirtschaft ausmacht, wie man behutsam mit kostbaren Ressourcen umgeht, welche Arten ihren Lebensraum in der Streuobstwiese finden – und nicht zuletzt, wie sich die Mitglieder der Bruderschaft ihren Lebensunterhalt verdienen. Denn in ihrer „Dorfgemeinschaft" unterhalten sie eine Molkerei, Käserei und Metzgerei, einen Hofmarkt, zwei Gästehäuser, eine Buchhandlung, eine Schreinerei und ein Ingenieurbüro. Die

Vom 315 Meter hohen Mensfelder Kopf aus hat man eine schöne Aussicht über das Limburger Becken und wie hier auf die Kirche der Jesus-Bruderschaft Gnadenthal, die sich inmitten der Häuser befindet. Bereits im Frühmittelalter führten wichtige Fernhandelswege durch das Lahntal, heute verläuft an ihrer statt die ICE-Trasse Köln-Frankfurt.

knapp vier Jahrzehnten in der Kommunität lebt, prägt das Gesicht des Verlags und des ganzen Ortes. Denn die von Andreas Felger angefertigten Bilder, Glasfenster und Skulpturen sind an zahlreichen Wegen und Gebäuden des Ortes sichtbar. Doch erschaffen seine abstrakten, aufs Wesentliche reduzierten Einzelblüten, Sträuße, Früchte und Kräuter einen „Klostergarten" der ganz besonderen Art. Die papiernen Zaunwinden, leuchtenden Kapuzinerkressen und roten Amaryllisblüten wachsen auf einem Boden des tiefen Respekts vor der Schöpfung und einer innigen, spirituellen Verbindung mit der Natur. Teilweise werden die kräftig gefärbten Aquarelle von lyrischen Variationen untermalt und begleitet, sodass ein Dialog zwischen Wort, Bild und von Gott geschaffener Natur entsteht. Welcher Klostergarten kann das schon von sich behaupten?

In der in den 1980er Jahren wieder aufgebauten Klosterkirche von Gnadenthal feiert die Jesus-Bruderschaft täglich den Gottesdienst. In ihrem Konvent leben Mönche, Nonnen und Familien unter einem Dach.

Ansiedlung so zahlreicher Betriebe verwundert nicht, wenn man weiß, dass Gnadenthal nach der Klosteraufgabe im 17. Jahrhundert als staatliches Hofgut genutzt wurde, das man 1935 in acht landwirtschaftliche Betriebe aufteilte.

Weiterhin widmet sich der unorthodoxe Konvent engagiert der Kultur und Kunst, wie der erfolgreiche Kunstverlag des Klosters, der Präsenz-Verlag, seit 1962 deutlich macht. Im Programm vertreten ist Spirituelles in Form von Kalendern, Postkarten, Drucken und Büchern, wobei Pflanzenmotive eine herausragende Rolle spielen. Vor allem eine Künstlerpersönlichkeit, die seit

Kloster Kamp

Kloster Kamp
Abteiplatz
47475 Kamp-Lintfort
Tel.: 02842/4041
Fax: 02842/47838
www.kloster-kamp.de

Das erste Zisterzienserkloster auf deutschem Boden bietet Sehenswürdigkeiten aus mehreren Jahrhunderten. Ein Infirmarium und die Abteikirche zeugen noch von der Gründungszeit im 12. Jahrhundert, ein kostbares Antependium aus dem 14. Jahrhundert ist Bestandteil der zeitübergreifenden Innenausstattung. Es finden sich des Weiteren ein aufwendiges Weihwasserbecken mit Rokokoaufsatz, eine Marienkapelle und eine barocke Terrassenanlage. Sehenswert ist auch das Ordensmuseum. Seit 1954 ist die sogenannte Abteikirche zu Kamp Pfarrkirche der Liebfrauen und Klosterkirche der Karmeliter, die in Absprache mit dem damaligen Bischof von Münster, Michael Keller, ihre alte Tradition am Niederrhein neu belebten. So bewohnten und bewirtschafteten die Karmeliter bereits in den Jahren 1448 bis 1614 das Kloster von Moers. Ein Klosterladen und ein Café laden zum Stöbern und Ausruhen ein.

Auf einer Erhebung über der niederrheinischen Fossa Eugeniana, einem Kanal, den die Spanier 1626 zur Verteidigung gegen die Niederländer konzipiert hatten, thront das Kloster Kamp. 1123 war es als erstes Zisterzienserkloster Deutschlands untypischerweise auf einer Anhöhe errichtet worden, vermutlich, um der Hitze und den Mücken der Sumpflandschaft am Fluss zu entgehen. Im Spätmittelalter galt das Kloster als eines der bedeutendsten des Zisterzienserordens. In diese Zeit fällt auch die Entstehung der vortrefflichen Kamper Bibel im betriebsamen Skriptorium, die sich nun im Besitz der Stiftung Preußischer Kulturbesitz befindet.

Heute sieht man von den ursprünglichen Konventsanlagen noch den Kirchenneubau aus dem 17. Jahrhundert, der sich durch seine beiden Zwiebeltürme und den Dachreiter auszeichnet. Auffällig ist der fehlende Westturm der Anlage. Auf dem Abteiplatz vor der Klosterkirche sind außerdem noch einige historische Bauwerke erhalten. Im Agathastift ist ein Ordensmuseum untergebracht, das etliche historische Gegenstände präsentiert, unter anderem das kostbare Kamper Antependium, ein Altarvorhang aus dem 14. Jahrhundert.

Satzungsgemäß hatten die Zisterziensermönche an den Hängen des Kamper Hügels Wein angebaut, doch tut eine Chronik seine offenbar eher herben Trinkeigenschaften kund: „Der Kamper Wein bereitet am Tisch nur Pein."

Angeblich ließ der Papst aus Rom nach der Begutachtung eines Kamper Fässchens vermelden, die Mönche mögen den Wein doch zur Buße trinken. Der Weinberg zerfiel. Während der letzten Hochblüte des Klosters um 1700 ließ Abt Edmund Richterich auf der Fläche der ehemaligen Weinhänge den berühmten Terrassengarten erbauen, der zunächst freilich als reiner Nutzgarten dem Obst- und Gemüseanbau diente. Das kaskadische Gefälle des Kamper Hügels nutzte man geschickt für die Wasserspiele und Brunnen im Garten aus. In den eigens erbauten Orangerien waren bei kalter Witterung die unzähligen exotischen Gewächse untergebracht, die den Sommer über die Wege zierten. Um dem dünkelhaften Abt Daniel, der für die Barockisierung des Terrassengartens verantwortlich war, unbelauschte Plaudereien unter Apfelbäumen zu ermöglichen, war einfachen Mönchen der Aufenthalt dort verboten.

Einer beharrlich kursierenden Legende nach soll Friedrich II. von Preußen,

Im Terrassengarten von Kloster Kamp überlässt man die Natur nicht sich selbst: Mit der Heckenschere werden Zierbäumchen, Sträucher und Rabatten in ihre verspielte und doch streng geregelte barocke Form gebracht.

unterwegs nach Kleve zu einem Treffen mit Voltaire, 1740 am barocken Terrassengarten des Klosters vorbeigefahren und von dem Anblick so begeistert gewesen sein, dass er noch in der Kutsche sitzend den Plan für Schloss Sanssouci skizzierte. Belegt ist ein Aufenthalt des „Alten Fritz" in Kloster Kamp zwar nirgends, doch kann man mit Blick auf die geometrischen Gartenformen, die verschlungenen Heckenbän-

Über 500 medizinisch wirksame Heilpflanzen umfasst der klösterliche Heilkräutergarten, dazwischen wachsen eine edle Rose, duftende Zitronenverbenen und ein stattlicher Olivenbaum.

der, die Springbrunnen und die gestutzten Kegelbäumchen den Ursprung der Legende nur zu gut verstehen. 1990 vollständig restauriert, gehören die Terrassen inzwischen zur europäischen Route „Geschichte der Gartenkunst" des verdienstvollen EU-Projekts „European Garden Heritage Network". Vorbild der Restauration waren ein Kupferstich von Querfurth und Creite aus dem Jahr 1747 sowie Sanssouci in Potsdam.

Doch neben dem ästhetisch eindrucksvollen Lustgarten, in dem man hinter jedem Buchsbäumchen Alice im Wunderland vermutet, hat Kamp auch Gärten bewahrt, die zum traditionelleren Klosterinventar gehören. So beherbergt der Heilkräutergarten eine Auswahl medizinisch wirksamer Pflanzen, die nach ihren Einsatzgebieten im Organsystem angeordnet sind. Störungen des Stoffwechsels, der Atemwege oder des Magen-Darm-Trakts wird hier mit diversen Kräutern zu Leibe gerückt. Eine Besonderheit dieser Anlage sind „Zauber- und Hexenpflanzen" wie zum Beispiel die Alraune, der in alter Zeit mythische Eigenschaften und magische

Kräfte zugesprochen wurden. Im Mariengarten gegenüber wachsen Pflanzen, die gemäß der Symbolik in der bildenden Kunst Eigenschaften der Mutter Gottes – der Schutzpatronin der Zisterzienser – darstellen. So steht etwa die weiße Lilie für Reinheit und das Veilchen für Demut. Inmitten dieser Gewächse befindet sich ein Duftstaudenbeet, dessen Aromen mit denen seltener historischer Rosen zusammentreffen.

Interessierte können im Kloster Seminare mit naturheilkundlichen, botanischen und meditativen Inhalten besuchen. Bücher zum Thema sowie klösterliche Mitbringsel aller Art bietet der Klosterladen an, während man sich im Klostercafé im alten Refektorium nach einem ausgedehnten Gartenspaziergang wunderbar stärken kann. Ist es warm genug, wird der Kuchen im buchsbaumbewachsenen Garten serviert.